ばあちゃん、介護施設を間違えたらもっとボケるで！

長尾和宏
丸尾多重子

ブックマン社

いきなりですが、クイズです。

～「眠れる豚」の謎～

養豚場の豚さんたちが、
ある日を境にしていっせいに眠り出しました。
唯一の楽しみであるごはんの時間になっても、
なかなか起きようとしません。
実は、この養豚場には、
その数日前に大きな変化がありました。
さて、どんな変化があったのでしょう？
これは、本当にあったお話です。

＊ヒント
養豚場の餌は、人が食べたごはんの
「残飯」を譲ってもらいます。

説明

たたくまにボケ老人となりました。だけど当時は、“認知症”という言葉もなかったし、“アルツハイマー”なんて知らないし、施設に入れるという発想もなく、そのまま10年間、祖母は家でボケまくってから旅立ちました。あの頃のことを思い出すと、もっと何かできたはず。施設に入れればもっと元気になっていたはず……と、胸が痛みました。我が家は貧乏で、若干家庭崩壊もしていたため、「お金」も「愛」も手持ちがなくて、介護らしい介護もできなかったなあと。だけど、おふたりの対談を編集していくうち、気づいたのです。「お金」や「愛」が十分に満たされていれば、良い施設で最高の介護ができるというのは、「幻想」なのだと。そして、高齢者がゆっくりボケていくのは本人にとっても、家族にとっても、決して最悪な事態ではないということも……。

*

本書は、今、認知症ケアについて、特に介護施設において、何が起きているか？　団塊の世代が高齢者になり医療も介護も供給が追いつかなくなる2025年問題（大認知症時代の到来でもある）に向けて、何を知っておけばいいのか？　を「きれいごとなし、隠しごとなし、そして毒舌あり」でまとめた前代未聞の対談本です。医療と介護の最前線にいるおふたりだからこそ言えた、リアルで衝撃的な言葉が満載です。だけど本書を読み終えた後に感じるのは、寒々しい気持ちではなく、きっと、人間らしい温かな気持ちなはず。人間的、あまりにも人間的な、実用書となりました。テンポのいい対話に、時にはくすりとしながら、最新の介護情報と心構えが身につくと確信しています。

*

尚、本書のタイトルには「ボケる」という言葉を入れています。対談にも、バンバン「ボケ」という発言が出ます。一部のメディアでは放送問題用語とされているようです。しかしボケ老人を「認知症」という言葉で病気の枠にはめてしまったことから日本の悲劇は始まった、と著者も編集者も考えます。だからあえて、「認知症」ではなく、「ボケる」という言葉を使いました。差別意識が芽生えるのは実際はどちらの言葉であるのかも、考えながらお読み頂ければ幸いです。

2014年1月　　ブックマン社 編集長　小宮亜里

本書の

いきなりクイズを出して、すみません。このクイズは、本書の著者である丸尾多重子さんからお話を伺い、私が最も衝撃を受けたエピソードです。なんのこっちゃ？　と思うかもしれませんが、実は、介護の世界の現状がとてもわかるクイズです。クイズの答えは言いません。本書を読めば、誰もが必ずや答えに気づくはずです。

＊

本書のもうひとりの著者である医師の長尾和宏先生と、介護者を支援する活動を行っているNPO法人〈つどい場さくらちゃん〉代表の丸尾多重子さん。在宅医療の第一人者と、介護問題の第一人者であるおふたりは、お忙しい合間を縫って、医療と介護が今後どう連携していくべきか（まじくるということ）を、常日頃から語り合っていらっしゃる仲です。同じ兵庫県内ということもあり、講演会やシンポジウムも年に数回、一緒に行っています。医療と介護の不都合な真実。介護保険制度でおきざりにされたもの。家族の在り方……重いテーマをあえて漫才のようにテンポよく語られる講演を半時間ほど拝聴したときにはもう、これは本にしなければ！と、本書のタイトルまで思いついていました。

＊

恥ずかしながら、私事をここで少し紹介させてください。私は、家庭の事情で祖母に育てられました。中学生になり給食がなくなると、料理が大好きだった祖母が、手の込んだお弁当を毎日作って持たせてくれました。ある日のことです。「今日はハンバーグだよ」と朝渡された弁当を、教室で開けると、生々しい赤い塊《かたまり》が目に飛び込んできました。「生」のハンバーグが入っていたのです。箸をつけずに慌てて弁当のフタを閉じました。帰宅して、「何これ？　生肉だよ！」と手つかずの弁当箱を突き返すと、祖母の顔から血の気が引き、「どうしてそんなウソをつくんだ！」と叫びました。「どうしたの？　おばあちゃん、おかしくなっちゃったの？」わけがわからず、私がそう呟《つぶや》いた瞬間、祖母は弁当箱を開けると、その赤い塊を手づかみし、私の顔面にビシャッと投げつけました。生のハンバーグを投げつけられたこと、ありますか？　意外と痛かった。そして、せつなかった。でもあのとき、本当にせつなくて悲しかったのは私じゃなくて、祖母だった――その日を境に私は祖母の弁当を拒否しました。会話もなくなりました。溺愛していた飼い猫が行方不明になり、祖母の箪笥《たんす》の引き出しから発見されたのはそれから3ヶ月後。徘徊《はいかい》が始まったのは半年後。祖母はま

つどい場さくらちゃん　丸尾多重子様

お元気でいらっしゃいますか。以前、話を聞いていただきありがとうございました。あれから色々ありまして、丸尾さんにまた話を聞いていただきたいと思い、お手紙差し上げます。

＊

私は今年1月から父の看病につきっきりで、4月に父が亡くなるまで、母とはあまり接する時間がありませんでした。ようやく5月の連休明けに落ち着き、母ひとりに専念できると思っていた矢先でした。昨年10月から母が入所している特別養護老人ホーム●●●のケアマネジャーAさんから電話で、3月から母が昼間に睡眠薬を飲まされていることを初めて聞かされました。母は3月下旬位から無表情で反応もなく、いつもウトウトしていて、うつろな目で息も荒く、よだれが出ていて何かおかしいとは感じていましたが、まさか昼間から睡眠薬を飲まされていたとは信じられませんでした。理由を訊くと、車イスに座ってテーブルを手で押したり、のけぞって後ろに下がったりすると転倒したりして安全が保てないというのです。（中略）また、そのケアマネさんから、5月8日に精神科の[redacted]クリニックの先生が来られるので受診してほしい、初診なので家族の方にも立ち会ってほしいと言われました。

もちろんその日に立ち会いをし、薬を処方されてから母はいつもウトウトしているし、腎臓も悪いので薬を止めてもらうように[redacted]先生に言いましたが、「一番軽い薬だし、もう少ししたらもっと静かになりますよ」と、●●●の看護師、ケアマネAさん、フロアマネージャーBさんに向かって言うのです。私が副作用はないのかと尋ねると、先生は悪気もなく「ありますよ」と言うのです。（中略）薬はさすがに昼に睡眠薬を飲ませるのは良くないので、夜に精神安定剤グラマリール錠25mgを服用させられました。だけど、2カ月間も昼に睡眠薬を飲まされ続けていたのですから、薬が変わろうが、状態はひどくなるばかりです。入所者のために何か良くしてあげましょうというのではなく、●●●の介護職員の手間を減らすための都合だけです。

*

その後ほとんど毎日、用事がある日以外は食事介助に行っていました。5月中旬、母の右手の甲がすごく腫れていて、介護士に訊くと、右ばかり向いて寝ているからそうなったのだと言われました。次の日、今度は顔の右側が恐ろしいくらい腫れていたので、日頃飲ませている下剤マグミット錠も変だと思い、その副作用ではないかと尋ねると、看護師のCさんが、下剤でこんなことになるなんて聞いたことがないと言いました。「一度違う病院で母を診てもらいたい」と言うと、「どこの病院に行くのか」と訊かれ、「これから先、もしここで車イスから転倒しても私たちは何もしませんよ、ここにいる意味がないということですよ、それでもいいんですか？」と詰問されました。私はただ、母にとって本当に今の薬でいいのかを他の医療機関で診てもらいたいだけなのに。（中略）涙がポロポロ出てきて止まりませんでした。電話の健康相談で腫れのことを訊いたら、お年寄りは同じ方向ばかり向いて寝たりすると、腫れることもあるそうです。それなら、夜間の見回りで体位を変えてほしいものです。

フロアマネージャーのBさんに、薬を飲まされていたことをなぜ、5月まで知らせてくれなかったのか尋ねたら、「家族様には全部は言っていない。ご家族に電話しても、こんなことでいちいち電話するなという人もいる」と言われました。「逆の立場で考えて下さい。もっと介護の仕方があるのでは？」と言うと、Bさんは、「日夜スタッフはその人のために、ああでもないこうでもないと話し合っている。（中略）こちらは気を遣っている。薬を飲ませるというのはよっぽどですよ。最近もお母さんが別の入所者さんの足をずっと踏み続けて、その方が痛い痛いと言って、氷で足を冷やすぐらいに腫れた」と言われました。私は、「申し訳ありません」としか言えませんでした。（中略）言葉は悪いですが、こちらがいくら預けていて、お金を払っていても、人質のようなものです。

＊

老人ホーム●●●のほとんどの職員は愛情もなく、ほったらかしで、介護とはほど遠いものです。全くの金儲け主義の施設で、明らかに薬による虐待です。何度も施設側（嘱託医、●●●の看護師、ケアマネジャー、介護スタッフ、リハビリの先生）に薬を止めてくれるよう言いましたが、誰一人聞いてくれませんでした。精神科の■■先生は●●●に2週間に1度来るのですが、最後に会ったのは7月初めでした。（中略）せめて朝と昼の薬だけでも止めてほしいと言いました。先生は一番少ない量だから問題ないと言いましたが、なんとか止めてほしいと懇願しましたら、仕方なくカルテに書きながら、「じゃあ止めて様子を見ましょう」と言いました。その後の言葉が信じられませんでした。●●●の看護師に向かって、「またうるさくなったら言って下さいね」と言ったのです。私と母がいる前でです。医者の言う言葉でしょうか？

結局、ここの施設にいては母も殺されてしまうと思い、昨年秋までお世話になっていた老健に相談し、7月半ばに戻ることができました。精神科からの薬は全部止めてくれました。（中略）しかし今さら薬を止めても、副作用で嚥下も悪くなり、立ち上がることもできなくなり、母の身体能力は何もかも奪われてしまいました。老健のスタッフは皆やさしい人ばかりで、「元気になろうなぁ」と言ってくれます。10カ月前にこちらにいた時と母の人相が全く違ってしまったので、スタッフの方は驚いています。母の人生の終末期にこんな恐ろしいことをされて、憤りを覚えます。

＊

昨年秋、自宅近くに[redacted]がオープンした時は、父母共に入所できて嬉しかったものです。建物は新しくてホテルのように立派で、見えている所は業者の方が掃除して綺麗だったのですが、入所者の個室は、いったいいつ掃除したのだろうと思うほど（トイレも）いつもほこりだらけで、私は何度も掃除機を借り、父母の部屋を掃除しました。入所者さんがいつもいるリビングも汚く、見かねて掃除したことも何度もあります。ユニットの責任者Dさんは「私は10年この仕事をしていますが、どこの特養も老健も一緒ですよ。ここは団体ですから」と言います。ケアマネのAさんは「私達はお医者さんの指示の下でしています」。フロアマネージャーのBさんは「上の命令ですから」。誰も母の体のことを心配してくれる人はいませんでした。介護職員の数は非常に少なく、ケアマネさんにもっと介護する人を増やせないのかと聞いたら、国の基準には達していて、ボランティアの人を募集しているところですと言われました。

＊

ギリギリの人員で、介護職員はあれもこれもこなさなくてはなりません。そのしわ寄せは、入所者です。年寄りはあっという間に悪くなります。●●●に入所してから、何かが変だといつも感じていました。もしかしたら自分の感覚がおかしいのではと思い始めることもありました。精神的にうちの家族も辛い日々でした。一番可哀想で辛かったのは母です。もっともっと早く地獄の●●●から出してあげたかったです。とりあえず、お陰様で前の老健に戻れて良かったです。

丸尾さん、また話を聞いてくださいね。

２０１３年12月　佐藤俊子（仮名）

4　申立書では、本件申立者が他医療機関で診てもらいたいと申し出たが、貴施設から「転倒しても何もしませんよ」と言われたとあります。

貴施設は、平成[redacted]年[redacted]月[redacted]日、申立者から他医療機関で診てもらいたいと申し出を受けた際、他の医療機関の治療を受けることにより、主治医が配置医師から他の医療機関に変わり、施設入所中は何があっても配置医師は診ない旨の説明をしていました。

他医療機関の受診が必要で受診しても、運営基準では、入所者の健康管理は配置医師が行うことになっていますので、今後、入所者からの他医療機関の受診の申し出があった場合、運営基準に基づいた説明をしてください。

5　申立書では、本件入所者の居室がいつもほこりや汚れだらけで、貴施設から掃除機を借りて居室の掃除を何度もしたとあります。

汚れの状況によっては、衛生管理面において対応の必要性が生じますので、申立者から掃除機を借りたい旨の申し出を受けた際、申立者が掃除をしようとした箇所の汚れの状況を確認するなどの対応が必要であったと考えられます。

今後は、入所者等から汚れに関する苦情等を受けた際は、状況の確認を行うなど、サービスの質の向上につながる対応をするようにしてください。

【関係条文】(抜粋)
「指定介護老人福祉施設の人員、設備及び運営に関する基準」(厚生省令第39号)
第8条「サービスの提供の記録」
第2項　指定介護老人福祉施設は、指定介護福祉施設サービスを提供した際には、提供した具体的なサービスの内容等を記録しなければならない。

第11条「指定介護老人福祉施設サービスの取扱方針」
第3項　指定介護老人福祉施設の従業者は、指定介護福祉施設サービスの提供に当たっては、懇切丁寧を旨とし、入所者又はその家族に対し、処遇上必要な事項について、理解しやすいように説明を行わなければならない。

第18条「健康管理」
指定介護老人福祉施設の医師又は看護職員は、常に入所者の健康の状況に注意し、必要に応じて健康保持のための適切な措置を採らなければならない。

第33条「苦情処理」
第2項　指定介護老人福祉施設は、前項の苦情を受け付けた場合には、当該苦情の内容等を記録しなければならない。

第37条「記録の整備」
第2項　指定介護老人福祉施設は、入所者に対する指定介護福祉施設サービスの提供に関する次の各号に掲げる記録を整備し、その完結の日から2年間保存しなければならない。
二　第8条第2項に規定する提供した具体的なサービス内容等の記録

前ページで紹介した手紙の主・佐藤俊子さん（仮名）に届いた、県の介護サービス苦情処理委員会からの回答

[redacted]

〒[redacted]－[redacted]

[redacted]

[redacted] 様

[redacted]第[redacted]号
平成 25 年 11 月[redacted]日

[redacted]県国民健康保険団体連合会
介護サービス苦情処理委員会
会　長　[redacted]

介護サービス苦情処理結果通知書

平成 25 年[redacted]月[redacted]日付けで申立のありました介護サービス等に係る苦情について、介護保険法第 176 条第 1 項第 3 号により調査及び処理を行った結果を下記のとおり通知いたします。

記

「特別養護老人ホーム　[redacted]」への指導内容は、次のとおりです。

1　申立書では、本件入所者の認知症等の症状に対して、貴施設では、平成 25 年[redacted]月から睡眠薬や精神安定剤を服用させていたにもかかわらず、本件申立者への説明が[redacted]月の連休明けになされたとあります。

貴施設は、本件入所者の認知症による症状のため、転倒の危険性、他入所者等への危害が及ぶ恐れ等の問題があると認識し、入所当初から貴施設の配置医師への報告や転倒防止等の対策を講じていましたが、不穏状態が続いたため平成 25 年[redacted]月[redacted]日、配置医師から抑肝散が処方され、引き続き他の向精神薬が追加処方されていました。

向精神薬の処方や精神科受診についてはトラブルとなる事例がありますので、新たな治療が開始となった場合には、その内容について入所者及び家族に対し速やかに説明を行うようにしてください。

2　上記 1 の申立内容に関し、本件入所者について、貴施設では、平成 25 年[redacted]月[redacted]日、配置医師から精神科受診を検討するよう指示を受け、カンファレンスによる検討で、本件入所者は感情の起伏が激しく精神状態が不安定で、転倒の危険性、他害の恐れがあることから精神科受診が必要であると判断し、[redacted]月[redacted]日、家族に電話し説明を行っていました。

しかし、検討した内容について記録が不十分であったと見受けられます。入所者の状態に対し医療の必要性が生じた場合などは、医師や看護師の意見等について、十分協議した内容及び出席した職種なども記載した検討記録を残すようにしてください。

精神科受診に関する家族への説明は、面接するなどの方法により、家族の心情に配慮し理解が得られるよう努めてください。

3　申立書では、平成 25 年[redacted]月中旬ごろ、本件入所者の右手や顔の右側が腫れていたとあります。

貴施設は、平成 25 年[redacted]月[redacted]日、申立者から浮腫があるとの指摘及び治療の必要性がないかとの相談を受け、[redacted]月[redacted]日、配置医師へ報告を行い[redacted]月[redacted]日、血液検査を実施し、その結果、治療の必要はないとの配置医師の診断がありましたが、申立者への説明が[redacted]月[redacted]日になっていました。

入所者の受診結果について、家族等への説明は速やかに行うようにしてください。

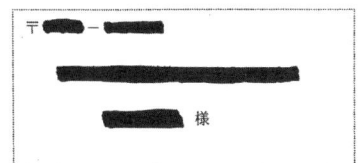

目次

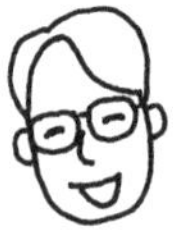

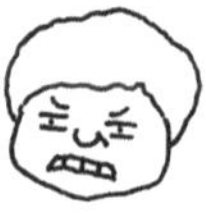

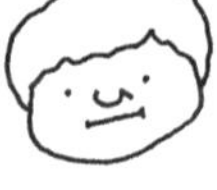

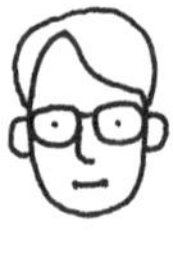

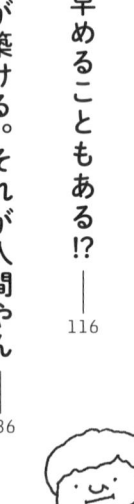

[主な参考文献]
『完全図解 新しい認知症ケア 介護編』三好春樹、東田勉（講談社）
『最新版 認知症ケアのコツがわかる本』（学研）
『まじくる介護 つどい場さくらちゃん』上村悦子（雲母書房）

はじめに　俺がボケても「認知症」って呼ばんどってな！

長尾和宏

いつからだろうか、「ボケ」が「認知症」に変わったのは？　「認知症」と呼ぶ現代になっても、どっこい、「ボケ」という言葉は健在だ。「うちのばあちゃん、ちょっとボケてきよった」と言って駆け込んでくる家族はいても、「認知症を診てくれ」と言ってくる家族はあまりいない。

そもそも、ボケと認知症は同じなのか？

専門家は、同じだと言う。そして「もうボケという言葉はやめて、認知症という言葉を使いましょう」ということになっている。しかし雑誌やテレビでは「ボケた」という言葉がまだまだ普通に使われている。日常では「ボケ」という言葉を特に気に留める人はいない。なんとなく温かさがある。なんとなく愛らしい感じがする。ところが「認知症」と言ったとたんに〝脳の難病〟みたいに受け止めてしまうのは私だけだろうか。

「ボケ」なら家にいてもいい感じだが、「認知症」となれば、専門医を探したり、施設に入れなくてはならないイメージに変わってしまうから、言葉の力とは不思議だ。こうした言霊で、その人の運命が大きく変わる場面を幾度も見てきた。毎日毎日、外来でも在宅でも「がん」と「ボケ」の患者さんばかりを診ている。

２人に１人が「がん」になり、３人に１人が「がん」で亡くなる現代。

一方、8人に1人がなり、今後「がん」と同程度まで急増すると予想されている、ボケ。今、「がん」と「ボケ」は、まさに国民病である。2006年に、我が国に〈がん対策基本法〉なるものができた。1981年以降、脳卒中に替わって日本人の死因のトップとなった「がん」の治療を全国で均一化しましょう、放射線や抗がん剤の専門医を積極的に増やしましょう、それぞれの地方公共団体は積極的にがん対策に乗り出しましょう等々のキャンペーンが張られたことにより、「がん」は特別な病気へと昇格した。どこに住んでいても最高のがん医療を受けるために作られた法律であり、市民にとって歓迎すべき点も多々あるが、同時に負の影響も出ていると考える。つまり、がんはがん拠点病院でしか診られない特別な病気として扱われるようになってしまったのだ。2人に1人がなる国民病だというのに、かえってそれを診る医療機関の門が叩きにくくなってしまった。

がん拠点病院にいるがん専門医の地位や専門性は確かに高い。だがそれが有益なのは、あくまで回復の可能性がある治療期のこと。そして、最期の生活期を看取る町医者は、ピラミッドの底辺に追いやられた感があるのは否めない。人間、死ぬ時はもはや「がん患者」ではなく、ひとりの人間のはずだ。死因はそれぞれであっても、人間は、生きているから死ぬのだ。しかし〈がん対策基本法〉以降、死ぬ時も「がん患者」のまま死ぬようになった。嘆かわしいことに、そういう人達には「がん再発難民」なる名称さえついてしまった。

人間の最期に必要なものは、抗がん剤治療でも放射線治療でもなく、人間を診る、あるいは生活者であることを支える「緩和ケア」である。しかし、皮肉にも「がん」の法律ができたおかげで、一番大切なものがより遠くに追いやられてしまった感がある。〈がん対策基本法〉成立のために尽力され、自らも胸腺《きょうせん》がんを患いながら酸素注入器を付けて最期まで政治活動を続けた山本孝史《たかし》元参議院議員（享年58歳）も、「こんな結果を求めていたわけではない」と天国で唇を噛んでいるのではなかろうか？

つまり法律が、「がん」を病《やまい》の院《いん》というハコモノだけに追いやり、地域や生活という視点は忘れ去られるようになった。医学的には全く支持されていない慶応大学の近藤誠氏の、がん放置療法なる内容の本が飛ぶように売れるのは、図らずもそうした患者の怒りの声の受け皿になったことが一因であると分析する。

そして今、「認知症医療」も〈がん対策基本法〉と同じ間違いを繰り返すのではないか、と私は危惧《きぐ》している。「歴史は二度繰り返す。一度目は悲劇として、二度目は喜劇として」というマルクスの言葉が、振り払おうとしても脳裏から離れない（しかし、歴史を二度繰り返させない方法も知っている。あのヒエラルキーの象徴ともいえる、がん対策のピラミッドの三角形を一度、ひっくり返してしまえばいいのだ。そう、アップサイド・ダウンしてみたら――）。

こうした状況に、困惑し、憤《いきどお》りを感じているのは私だけではない。丸尾多重子さんはもっともっと、怒っていた。長尾の想いとまるちゃんの怒りは十分に共有できるものだった。そのあたりの想いを本にしてみないか？　という提案をブックマン社から頂いたので、喜んでお受けした。お受けしたといっても、ふたりで台本のない漫才をしただけなのだが。否、漫才といっても、怒りと憤りの中で漫才をしたのだ。

実は、まるちゃんにひとつだけ、お願いしていることがある。

「俺がボケても認知症って呼ばんどいてな！　そっと、よし、よし、と言って徘徊させといてな」と。その真意は本書、つまり我々の怒りの漫才を読んで頂いてから、ご想像くだされば幸いだ。ついでに、どちらがボケとツッコミなのかも。え？　ああやっぱり、俺がボケ、なんかなあ。

また、長尾和宏って著者は、平穏死のことを書いたり、がんのことを書いたりして、今度はなんと認知症か。とりとめのない医者だなあと思っている読者も中にはいるだろう。だが、私にとってすべてはつながっている話だ。人間の死の話であり、生の話なのだ（ときどきは性の話にさえもなる）。様々な終末期の患者さんと日々向き合っている町医者だからこそ、ここまで多様化した生と死をつなげられるのだと自負している。

さて今、私の目の前に98歳の年相応に（？）ボケたばあちゃんがいる。ばあちゃんは、手づかみでまるちゃんの作ったお節料理をむしゃむしゃ食べている。施設の入所を考えず、認知症の薬もすべてやめたのは数年前。いつ死んでもおかしくないよと私は往診のたびに言い続けているのだが、今、娘さんと一緒に、私のしょうもない冗談に嬉しそうに相槌《あいづち》を打っている。わかってるんだか、わかってないんだか……そんなのどっちでもいい。

これで、ええやん。これの何がいけないんだ？

そんな想いの中で、この文章を書いている。

平成26年 元日 〈つどい場さくらちゃん〉の食卓にて

第1章

そして気がついたら、介護でボロボロになっていた…

「長尾ちゃん」「まるちゃん」。変なふたりの、運命の出会い

長尾（以下、長） 丸尾さん（以下、まるちゃん）が、この阪神・西宮の駅前で、〈つどい場さくらちゃん〉を開いてどれくらいになりますか。

丸尾（以下、丸） 2004年の春やから……もうすぐ丸10年やね。この西宮の駅前に越してきてから6年が経つから。長尾ちゃんと会ってからだって、もう8～9年になるでしょ？

長 そうそう。最初は、不敵な笑みを浮かべた怪しげなおばちゃんがおるなあって。ある勉強会で、名刺交換したのが出会いでした。「何やってるんですか？」って訊いたら、「介護者のための〈つどい場さくらちゃん〉っていうのをやってるんです。介護者を癒すための場所です」って言われました。介護者を癒す？　なんやそれ、いかがわしいオバハンや

まるちゃん

な〜って思いました。

丸　悪かったな。

長　いや、今でこそ、介護者同士が意見を交わしたり、日頃の介護の悩みを打ち明け合う場所*は全国にたくさんあるけれど、当時はまだ、介護者のために何かする場所、ということ自体が稀有《けう》だったから、ピンとこなかったんです。どういうことするんだろ？　と思って、怪しいオーラ出しているまるちゃんに、「今度その、〈つどい場〉とやらに、遊びに行ってもいいですか？」と僕から声をかけたのが、運命の出会いでしたね。

丸　そんなこと言ったら、私だって長尾ちゃんのこと、「なんや変な医者が来とるなあ」っていうのが第一印象。医者のオーラ、ゼロやったもん。今もやけど。
いやいや、褒《ほ》めてるんよ。長尾ちゃん、今も昔もちっとも威張《いば》りはらへんから。私ね、嫌いな人や威張っている人には、「○○先生」ってわざ

●日頃の介護の悩みを打ち明け合う場所
〈つどい場〉という名称を生み出したのは、まるちゃんが最初。今では、全国に〈つどい場〉や〈カフェ〉という名前で介護者が悩みを打ち明け合い、情報を仕入れる場所が増えてきた。地元にそういった施設があるかどうかは、各地の社会福祉協議会や市役所などに問い合わせてみてください。

と「先生」ってつけるの。だから長尾ちゃんのこと、「長尾先生」って呼んだことないでしょ。尊敬してるから。院長さんなのに、白衣を着てはるとこ、いっぺんも見たことないし。イメージでこの人に白衣着せても、ちっとも似合わへんから、本当に医者かいな？　ってね、今でも時々疑ってるんよ。

長　そういえば出会ってからずっと、「長尾ちゃん」「まるちゃん」って呼び合ってますよね。今さらまるちゃんに「先生」なんて呼ばれたらくすぐったい。まるちゃんは、すぐに顔に出るからね。嫌いな医者やお役所の人が来ると、とたんに無口になるし。

丸　そうそう、無口なまるちゃん、またの名を「人斬《ひとき》りのお丸」っていう。

長　人斬りのお丸か。くノ一みたいですね。怖いな。

丸　**介護のNPO法人*をやっていると、いろんな人が取材や見学に来はる。**

●**NPO法人**
NPO法に基づき都道府県または指定都市の認証を受けて設立された法人で、社会の利益のために活動する非営利団体。

介護のこと、認知症のこと、本質的なことが全然わかってないくせにお勉強だけしてきて、「ここが問題や！」ってエラそうに御託《ごたく》並べる人、嫌いなんよ。あとね、「私は介護をやってあげてる。ボランティアをやってあげてる。私って素晴らしい人間だ」って自分のことを持ち上げて自己陶酔《じことうすい》しているような人も嫌い。介護ってね、偉《えら》いことでもなんでもない。人の営みとして、当たり前のことなんやから。その点、長尾ちゃんはちがう！「認知症」のことを学ばせてもらうのは、医学書からではない。本人と家族からしかないと、初めの頃から言い切ってはった。

10年間でたったひとり、家族を3人介護したまるちゃんの壮絶人生

長 だからまるちゃんは、ファンも多いけど、敵も多いですよね。僕と一緒や（笑）。まるちゃんは、もともと介護の道に進もうと思っていたわけじゃないんですよね。自分の介護の経験から、地元の介護者たちと交流

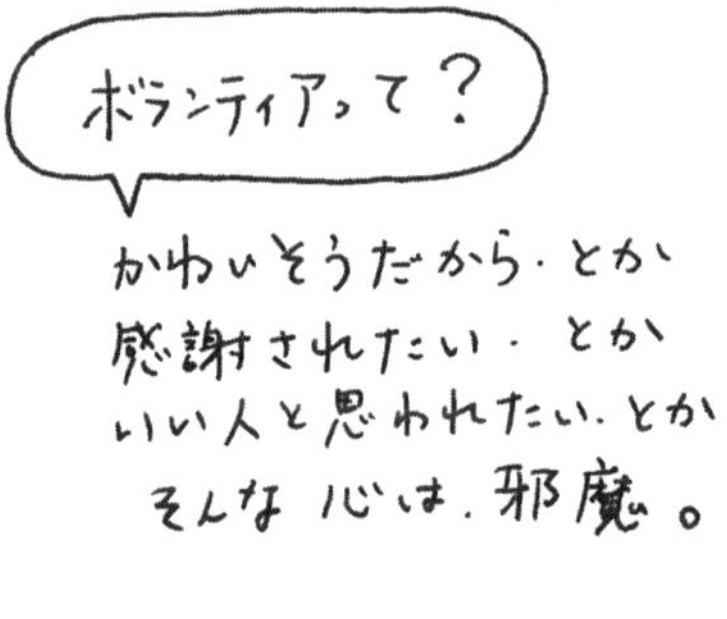
ボランティアって？
かわいそうだから・とか
感謝されたい・とか
いい人と思われたい・とか
そんな心は・邪魔。

する場をと考えて、〈つどい場さくらちゃん〉を作ったんですね。

丸　そうよ。私、〈つどい場さくらちゃん〉を開く前に、10年間、家族の介護をやったんよ。

長　本当は、料理の仕事をしていたんですよね。

丸　そう。22歳の時に、調理師免許を取って、上京したんです。フードコーディネーターとしてテレビの生CMや雑誌用の料理を作ったり、もちろん料理屋で働いていたこともあるし、調理器具のセールスしたり、セルフスタイルのカレーショップで5種類のカレーを作ったり。そうそう、航空自衛隊の食堂にいたこともある。15年ほど東京で料理関係の仕事に就《つ》いていたんやけど、両親が年老いてきて、関西に戻ってきたんよ。

長　だからまるちゃん、料理の腕前はプロ級なんですね。僕も時々、夜中の往診の途中で〈さくらちゃん〉に寄って、ごはんを食べさせてもらっていつでも炊き立てのごはんと美味しいお惣菜《そうざい》がいくつもあるから、ありがたい。夜の往診に疲れた僕のオアシスであり栄養源でもある。

丸　東京を離れて両親のもとに帰ってきて、だけど料理の仕事は続けたかったので、宝塚市内で手作りのお惣菜屋さんをやろうと思って、貯金をはたいて開店の準備をしてたんよ。〈まるちゃんのおだいどこ〉ってお店の名前も決めていてね。だけど、そのオープンの当日に、母親が肺がんだとわかって、入院することになったんよ。

長　難儀《なんぎ》でしたね。その時お母さんは何歳だったの？

丸　78歳でした。

長　まるちゃんは、その時何歳だったの？

丸　内緒。自分の歳のことは言わへん。

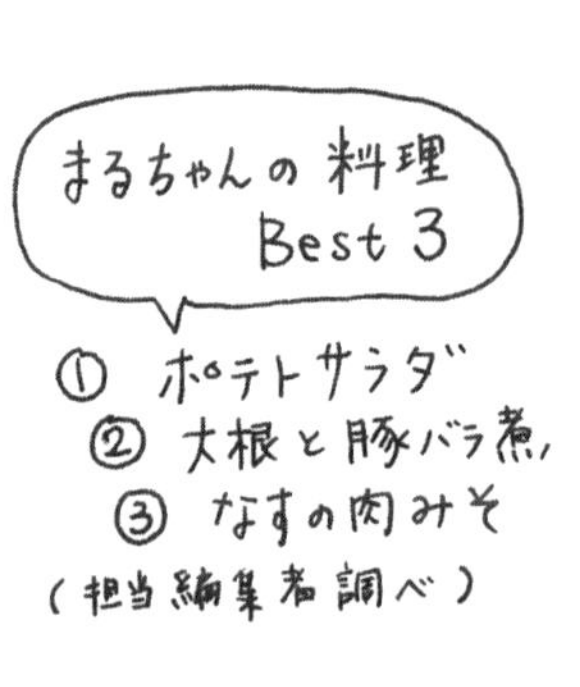

長　そうやったね。それで惣菜屋のオープンが延期になったんですね。

丸　自分のお店を開くのは最大の夢だったけど、何よりも、母の介護が優先だったから。家賃だけ払って店は開かなかった。だけど、無事にがんの手術を終えて、母は1年後にはそこそこ元気になったんよ。これでようやくお店と介護の両立ができるかな、よし、いよいよ店のオープンや！と思った矢先に阪神・淡路大震災*（1995年1月17日）が起きてしもた。

長　それじゃあ、家賃だけ払い続けてきた店舗は……。

丸　全壊しました。全部パーです。そして、回復の兆《きざ》しが見えていた母親も震災のショックで一気に病気が悪化。悪夢のように、次々にがんが転移していきました。

●阪神・淡路大震災
兵庫県南部と淡路島北部で最大震度7を記録した激甚災害。まるちゃんのお店があった宝塚市も甚大な被害を受けた。

在宅で最愛の母を看取ったけれど……

長 まるちゃん、お母さんのことを在宅介護したんですよね？

丸 震災のショックもあったし、そばにいてあげたかったんよ。そこでお店の夢は諦《あきら》めました。母も、もう病院は嫌やって言うし。親の自宅は西宮市内やけど、この〈さくらちゃん〉がある駅前とは違って山間部の、まあ田舎なんよ。当時、村の唯一の往診医は、モルヒネ*が扱えなくてね。母は末期がんの最期に、本当に痛がった。

長 **在宅でがん患者さんを支えるには、在宅医がいかに緩和医療*の知識があって、モルヒネなどの医療用麻薬を上手に使いこなせるか、ということがカギになります。**当時はまだまだ、そういう医者が少なかった。今も、実は医療用麻薬を上手に使えない医者が多いですけど。これは余談

●**モルヒネ**
がんの痛みを緩和するための医療用麻薬。患者さんそれぞれの痛みの段階ごとに、専門医が量を調節する必要がある。日本では医師の知識不足などにより、国際的にみるとモルヒネ使用量は最低水準。

●**緩和医療**
がんなどの疾患による痛みや苦しみを和らげるための医療。緩和医療を行うことで、患者や家族のQOL（Quality of Life＝生活の質）を高める。在宅医療では重要度が高いが、在宅医によって緩和医療のスキルに大きく差があるのも事実。

ですが、そういう中には、「ウチは在宅やっているけど、がん患者さんは診ていません」と最初から断る医者もいるんです。認知症でもがんでもALS*でも、なんでも診られるのが在宅医の基本*なんだけどね。

丸　そうでしょう？　母は最期、本当に苦しかったと思う。**私も突然自分の身に降りかかった介護生活に、毎日戸惑い、正直泣く日もあった。世間から取り残されたような気持ちにもなった。そして、自分の介護は正しいかどうかも、誰も教えてくれなくて、不安に襲われた。**今でも後悔ばっかり。あの時、長尾ちゃんと会ってたらなあって、今でも時々思うんです。

長　だけどまるちゃんは、最期までお母さんを病院には連れて行かなかったん？

丸　震災後、コバルト治療*のため、父の運転で大学病院に通院したけど、本人はガンとは知らず、脊髄《せきずい》から脳に転移して壮絶な痛みの中でも、「病

●ALS
筋萎縮性側索硬化症《きんいしゅくせいそくさくこうかしょう》。筋肉の萎縮と筋力低下を来す神経難病。

●なんでも診られるのが在宅医の基本
とは言うものの、がんは診ていません、認知症は診ていません。という在宅医もいるので、最初に確認をしましょう。

●コバルト治療
放射線療法のひとつ。

院より家にいたい！」と。そして、震災から9ヶ月後の1995年10月17日、母は私の胸の中で旅立ったんよ。

長 自宅で死にたい、娘のそばで死にたいというお母さんの想いをちゃんと叶えてあげたんですね。まるちゃんのお父さんはどうされたんですか？

丸 父は私が関西に戻る何年も前からボケ始めてたと思うんよ。母が亡くなって間もなく、車で出かけて長時間帰ってこなくて、「どこ行ってたん？」って訊《き》いても「わからん」って。それが87歳の時で、脳梗塞《のうこうそく》を起こしてた。母が旅立って1年後にもう一度脳梗塞を起こして左半身麻痺《まひ》、話すこともう支離滅裂《しりめつれつ》で、会話が成り立たへん。

長 じゃあ、母親の介護と父親の介護が……。

丸 重なりました。母親が亡くなっても、息をつく間もなかったわ。それと同時進行で、兄の介護もあったんです。

長 実のお兄ちゃん？ なんで？

気がついたら、介護でボロボロになっていた

丸 次兄は、躁鬱《そううつ》の持病があって、20代の頃から病院を出たり入ったりしていました。私が支えるしかなかったんです。その兄が自死したのは、母が亡くなってから1年半経った時。兄の最期を見届けたのも私です。

長 僕も、実の父親がまるちゃんのお兄さんと似たような状況で自死しています。大切な家族が自死したあとの喪失感《そうしつ》は、幾つになっても言葉にはならないね。あれは僕がまだ高校生の時だったけれど、未だにうまく心の整理がついていません。そして、僕が医者になろうと思った原点も、父親の死にあります。

丸 ほんと、あの頃のことはうまく言葉にならない。大震災から始まって……痛みに苦しみ抜いた母の死、長年にわたり病に苦しみ続けた兄の自死、もう会話が成立しない父親の介護。私の人生、何なんやろかって、気がついた時には、介護生活に疲れて自分がボロボロになってたんよ。どこにこの悲しみと憤《いきどお》りをぶつけていいのかわからない。それが私の、〈つどい場〉を開こうと思った、原点です。

長 お父さんのことは何年介護したの？

丸 9年間です。それである日突然、誤嚥《ごえん》*性肺炎になってね、その時父はもう93歳になっていたんだけど、緊急入院した病院の先生から、こう言われたんです。
「療養型病院*に入院するか、胃ろう*を造って在宅介護を始めるか、どっちか選んでください」と。
だから私、父親も在宅で看取ろうって決意したんよ。母の時の経験も生かせるだろうという想いもあった。それで、胃ろうのこととタン*の吸引

●**誤嚥性肺炎**
唾液や食物などが気管に入ってしまうことを「誤嚥」といい、その唾液や食物に含まれた細菌が気管から肺に入ることで発症するのが「誤嚥性肺炎」。高齢者に多く発症し、再発を繰り返す特徴がある。

●**療養型病院**
療養病床（慢性期患者のための病床）がある病院。長期にわたる入院が可能。一般病院では、高齢者（一部特定疾患を除く）は入院が長期に及ぶと病院が儲からないので退院を促される。

法を慌てて勉強して、父を退院させたんよ。

長　つまり、お父さんのこともお母さんの時と同様、自宅で看取る決意をされたんですね。「**在宅で看取ってもいいけど、胃ろうは造って退院しろ**」っていう病院は今でも多いですね。本当はまだ、食べられるかもしれないのに。

丸　その時は、胃ろうの知識も何もなかったしね。

長　そこからまるちゃん、お父さんを在宅でどれくらい介護したんですか？

丸　1日ですよ。

長　えっ、たった1日!?

丸　退院した翌日に、父はあっけなく旅立ったんです。そして私は、ひとり

●胃ろうを造って在宅介護
誤嚥させないために、胃に直接流動食を注入する「胃ろう」を造ることを提案されることが多い。在宅介護を希望した時、病院からは「胃ろうを造らないと退院できません」と言われることも。在宅では、胃ろうからの栄養剤の投与は医師、看護師、家族が行う。しかし長尾先生いわく、「病院では胃ろうからしか栄養を摂っていなかった人でも、退院して家に帰ると、普通に食べられるお年寄りもぎょうさんおる」。

●タンの吸引
胃ろうを造るとタンが増えることがあり、こまめに吸引する必要がある。これは医療行為なので、医療従事者及び介護従事者の一部しかできないが、一定の状況が揃えば、家族も行える。

になった。

長　まるちゃん、結婚は？

丸　長尾ちゃん……今の話、聞いてたら、わかるやろ。そんな暇、なかったんよ。そんな女性、世の中にいっぱいいるよ。親の介護をしている間に婚期を逃しましたっていう女性がね。親の介護の真っ最中の女に、わざわざプロポーズして嫁にもらおうとした男、見たことないね。そういう男が増えてくれないと、日本の少子化は止められないのにね。

長　難しい問題やね。だから親は、「娘に迷惑かけたくないから、施設に入る」って言うんですよ。

丸　たしかにそういうケースもありがちだけど。それもおかしな話だと思いますよ。子どもに迷惑かけたくないっていう遠慮が、家族の絆を邪魔することもある。それなら、「後悔しない介護」って一体何なんやろうっ

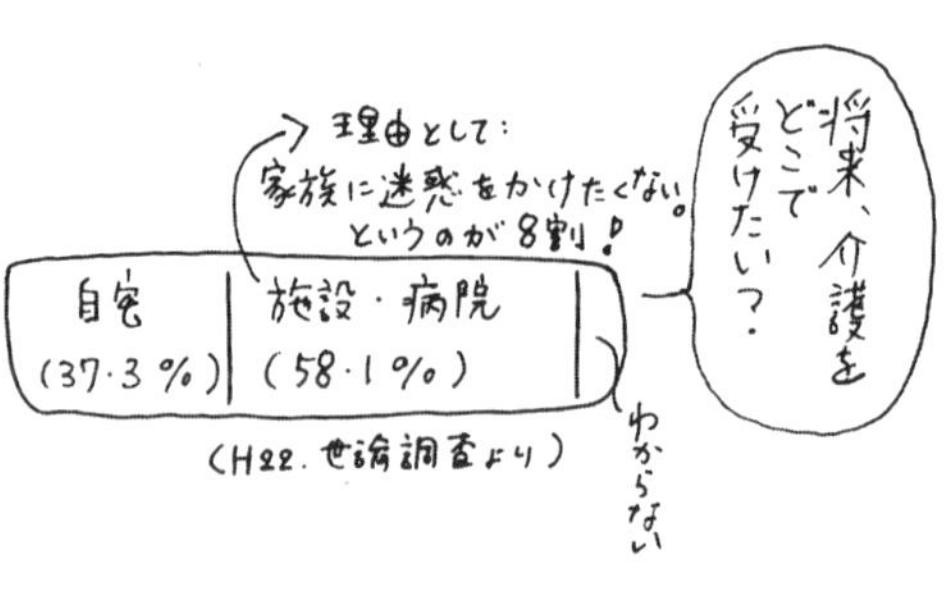

て〈つどい場さくらちゃん〉をやりながら、いつも考えています。

長　それは認知症に限らず、どの終末期も一緒やけどね。「**本当は家で死にたいけど、家族に迷惑かけたくないから病院で死ぬ**」**と考える人、いっぱいいます。**日本が核家族社会*になって久しいが、「家族に迷惑かける」という気持ちが、前面に出すぎているのが今なんよ。

丸　家族を介護する、看取るってことは、ものすごい貴重な人生経験なのにね。悲しい経験には違いないけど、結果的に人間性が豊かになるのに。

長　経験者の言葉は重い、そして優しい。だからまるちゃん、人間が丸いんですね。愛する家族を3人もひとりで看取ったから。

丸　体は折れそうなほど細いけどな（笑）。

●**核家族社会**
夫婦とその子どもという家族形態が多い社会。平成22年の総務省の調査では、核家族世帯が56・4％、単独世帯が32・4％となっている。

第2章

許さへん！老人ホームは魚屋か!?

喋り声が聞こえない、無表情な特養の入所者たち

長 つまりまるちゃんは、10年間でお母ちゃん、お兄ちゃん、お父ちゃんと、立て続けに肉親を3人も介護して、あの世に見送って、うら若き乙女の青春時代は謳歌《おうか》することなく終わったんですね。

丸 いや、乙女でも青春時代でもないけど、15年間東京で働いたあとやったから、もうちょっと大人になってたかな。これが青春時代やったら、とっくに逃げていました。大人やったから、自分が10年やってきた介護というものに対して、後悔やら無念やらがフツフツと湧き上がってきたんよ。

長 普通はもうウンザリするんじゃないの?

丸 父の死後、半年くらいは、なーんにも記憶がない。どうやって生きていたのか、何をしていたのか……何も思い出せない。思い出せるのは、ある時ふと目に留まった「ヘルパー*1級の取得講座」の新聞広告。今思えば、後悔と無念だらけの自分の介護経験をちゃんと振り返りたいという気持ちからだったと思うんよ。

長 どんな研修を受けたんですか？

丸 それが、研修内容はあんまり覚えてないんよ。他を忘れてしまうくらい、衝撃的な出来事があってね。

長 まるちゃんが衝撃を受けたってどんなこと？

丸 **ある時、特養*（特別養護老人ホーム）に実習に行ったんよ。そうしたら、ものすごく静かでね。何十人も高齢者がいる施設なのに、誰もお喋りしていない。**シーンとしている。

●ヘルパー
ホームヘルパー（訪問介護員）。資格取得が必要。要介護者が自立した生活を送れるよう介助や介護をする。また、ホームヘルパー2級は2013年4月に廃止となり、代わりに「介護職員初任者研修」が創設された。今までは、講座を受講すれば誰でも取得できる資格だったが、これによって修了試験に合格しないと取得できない資格へと変わり、以前より難易度が高くなった。

長　表情は？

丸　ほとんどの人が無表情。喋りもせず、表情もなく、それに9割以上の人が、車椅子で生活していた。いや、もとい、あれは生活ではないな。

長　そうですね。特養の多くでは生活の営みなど、どこにもないね。残念ながら。

丸　車椅子で、ほぼ全員がボーっとしていた。

長　**それは、薬でそうさせているんですよ、施設の人がね。いや、主治医かな。入所者に必要以上にお薬を飲ませて、ボーっとさせて、介護の煩《わずら》わしさを軽減させるのが良い医者なのかな。**ちゃんと歩いて特養に入所したのに、たった数週間で家族の顔もわからなくなり、車椅子になる。

●**特養**
特別養護老人ホーム（介護老人福祉施設）。常時介護が必要で（要介護4、5の人が多い）、在宅生活が困難な要介護者に、食事や入浴など日常生活を介護する施設。介護保険が適用されるため、自己負担は6万円～15万円と、他の介護施設に比べると比較的安価であるが、その代わり、入所待機者が多い。全国で5500カ所以上ある。

丸　おかしいやろ？

長　**おかしいですよ。でも、そんな介護施設いっぱいある。**薬を飲ませて、ボーっとさせることを、医者もそこで働いている多くの職員もおかしいと思ってないんです。罪の意識、ゼロや。

丸　罪の意識がゼロでやってるっていうのが、さらに罪深いやん！　長尾ちゃん、そんな現場をたくさん見てるんでしょ？　なんで怒らへんの？

長　いや、もちろん怒っています。

だけどその施設の人たちも、上層部から「薬でおとなしくさせるのが良い介護」って言われているんでしょう。**ファミレスと一緒や。ファミレスの店員に、ここの料理はマズい！　と文句言ってもしょうがないのと同じで、たぶん全部、上からの指示やから。**現場で言っても仕方ないから、こうして丸尾さんと対談しようってことにしたんです。活字にして、みなさんに知らせるしか手立てがないから。

丸　ほとんどの特養の9割の人が車椅子ですよ。

長　だってそのほうが、施設の人が移動させやすいから、仕事の効率がいいでしょう。本当は普通に歩けるおじいちゃんやおばあちゃんまで、薬飲ませて、車椅子に縛りつけてるのを見た。

丸　そのとおり。お金を払ってるのは、お年寄りのほう。お客様よ。囚人《しゅうじん》じゃないのに、お客様なのに、囚人よりひどい扱いされている人がいっぱいいる。

長　そう、人の尊厳の中には、「**移動の自由**」というものがあると僕はいつも言っています。**介護施設に入った人の多くは、「移動の自由」という人間の尊厳を奪われている。**お金払って、鍵のかかった場所に閉じ込められて、歩くことさえままならなくなる人も多い。

恐怖に泣き叫ぶおばあちゃんの入浴介助の実態

丸 私がもっとショックだったのは、そのヘルパー実習の最終日に経験した、入浴介助*の講習でした。

長 認知症の人の入浴介助ですね。おばあちゃん？

丸 そう、おばあちゃんがストレッチャーに縛りつけられて、お風呂まで連れて来られたんです。**ぎゃあぎゃあ泣き叫ぶおばあちゃんの服を無理やり脱がせて、おばあちゃんは顔をひきつらせて……。機械入浴*の実態を目《ま》の当たりにして、言葉を失った。**

長 これから自分がお風呂に入るということがわかっていなければ、その状況は彼女にとって、とても恐ろしいはずです。怖いでしょうね。認知症

●入浴介助
自力での入浴が困難な高齢者の入浴を介助すること。ヘルパーのマニュアルには、入浴介助の項目があり、衣服の脱がし方やシャワーのかけ方、浴槽に入れる時間など細かく指導されている。入浴の目的には、利用者のリラックスやストレス解消、スタッフとのコミュニケーションを深めることも謳《うた》われている。しかし現実にどの施設もその通りに行われているかどうかは疑わしい。

といえども、ゆっくり説明すれば、彼女だって気持ちが解放されるだろうに。本来、お風呂の気持ち良さは、認知症だからって変わらないのに。

丸　そう。それでもっと酷《ひど》いのは、入浴係の人。ビニールの長靴を履いて、前掛け姿。片手にホースを持って、無理やり服を脱がせたおばあちゃんに、そのホースでジャーッとお湯をかけたんです。もうジャーッと。

長　……。

丸　**魚屋かと。死んだ魚に水をかけてるのかと。**今でも思い出すたびに、怒りで手が震えるよ。

長　そのヘルパーの研修の時の怒りがモチベーションになって、まるちゃんは〈つどい場さくらちゃん〉を開いたんですね。

丸　そうです。これは、おかしい。何かせんとあかん！　今思えば、ビジョ

● 機械入浴
特殊な機械を使い、寝たきりの人をストレッチャーのまま、もしくは、車椅子に乗せたまま入浴させること。特別浴とも言う。認知症の進んだ利用者にとってはリラックスどころか、恐怖感を感じる人も多く、問題視されている。しかし入所者数の多い施設ほど、流れ作業で機械入浴を行わざるを得ないのが現状。

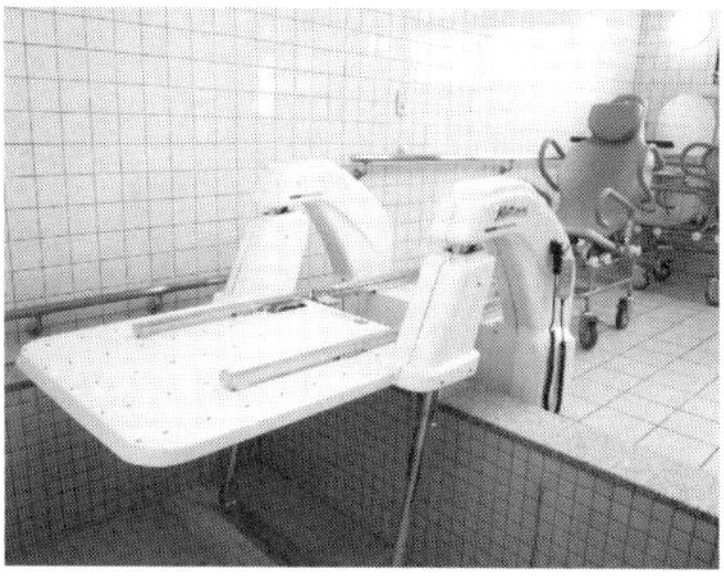

ンよりも先に、怒りがあったんよ。自分で何かできることはないかとね。それに、特養に入っている多くの高齢者が、異《い》口《く》同《どう》音《おん》にこう言われたんよ。「すんません。長く生きすぎました。もう生きたくありません」って。そんなこと言わせる世の中、おかしいやろ？

長　おかしいね。せっかく医療の進歩の恩恵も受けて、日本がこれだけの長寿社会になったというのに、長寿イコール幸せという図式は、とっくの昔に崩れてしまった。

町から高齢者が消えた理由……介護保険制度が導入されたから？

丸　もうひとつ、私が〈つどい場さくらちゃん〉を立ち上げるきっかけになったのが、日本に**介護保険制度***ができたことかな。

長　介護保険制度は、２０００年４月から実施されたから……まるちゃん

●**介護保険制度**
２０００年度の介護保険制度実施時は、介護給付額は４兆円弱であったが、２０１４年度は10兆

は、ちょうど父親の介護の真っ最中だったんですね。

丸　そう。父親の介護3年目くらいだった。長尾ちゃんは、介護保険制度ができて、医療において何が変わったと思いますか？

長　それはいたって簡単な話です。それまで、家族の中で行っていた「**介護」が「ビジネス」になった**ということですね。

丸　その通り。介護が、ゼニになった。

長　それまでは善意でお世話していたのが、ビジネスになって、介護が二分化されました。今、巷《ちまた》では「フォーマルなサービス」「インフォーマルなサービス」という言い方もします。

丸　そんなカタカナ、ようわからん。

円近くまで膨れ上がると予想されており、いわゆる団塊の世代が、65歳を迎える２０１５年に向けて、介護保険の一部が改正される。主な改正案は次の通り（２０１４年１月現在）。

＊年金収入が年間２８０万円以上の高所得者は、自己負担の割合が１割から２割に。

＊特別養護老人ホームの入所者が、「要介護３」以上に限定される（特例あり）。

＊「要支援」向けの訪問介護、通所介護を国から市町村の事業に移管。つまり、介護サービスに地域差が大きく出ることが予測される。

長　フォーマルというのは制度に則《のっと》ったサービス。インフォーマルはその逆で、介護保険制度からお金を貰わずにやっているサービス。行政では、介護を「サービス」と呼ぶんですね。**でも今、「インフォーマルなサービス」と言われているもののほうが、本来の介護の姿だと思うんです。そもそも昔はインフォーマルなサービスしかなかった。**それなのに、「インフォーマル」って言われたら、違和感だらけです。

丸　そんな分け方がそもそもおかしいよ。

長　でも、介護保険制度が施行されて、介護の世界は完全に二分化されました。金儲けのための介護と、本人のための介護。どちらを向いているのか。それをわかっていて、介護の世界で働いている人はまだ、いい。だけど、わからずにやっている人があまりにも多い、というのが現時点での僕の感想です。

丸　わからずにやっているというのは、具体的にどういう人のことを言って

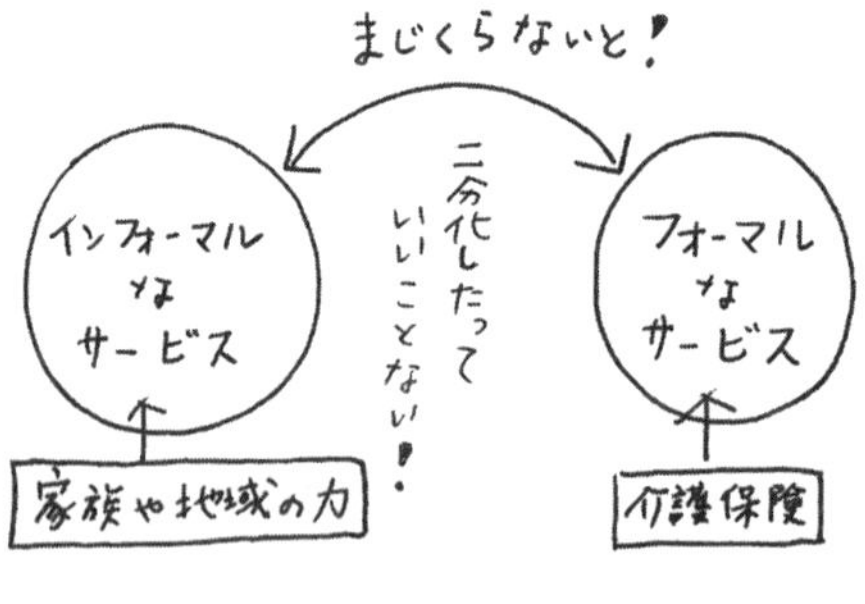

はるの？

長 それは、営利企業の人たちですよ。**企業は当然、売り上げを1円でも多く出すのが使命だから。そこに介護保険制度で国がバックアップしてくれて税金がどんどん投入されるから、たとえば、要介護5の人をたくさん呼び込んで、老人アパートに詰め込むだけ詰め込んだほうが……。**

丸 養鶏場と一緒やん。同じ面積なら、たくさん鶏を飼っておいたほうが、たくさん卵を生むから儲かる。

長 魚屋の次はニワトリか。まるちゃん、喩《たと》えが過激すぎやで。

丸 いや、ニワトリのほうが好きな時間にごはん食べてるよ。ごはんさえ、決まった時間にスプーンで口に押し込まれるのが施設の生活だからね。

長 さっきも言ったけど、ビジネスだから効率重視ですよね。最も重度の要*

●要介護5なら月に35万円程度の介護保険
介護保険は、原則として費用の1割負担で介護サービスを利用できる。利用限度額（月額）は、要介護5の場合、35万8300円。超過分は全額自己負担となる。

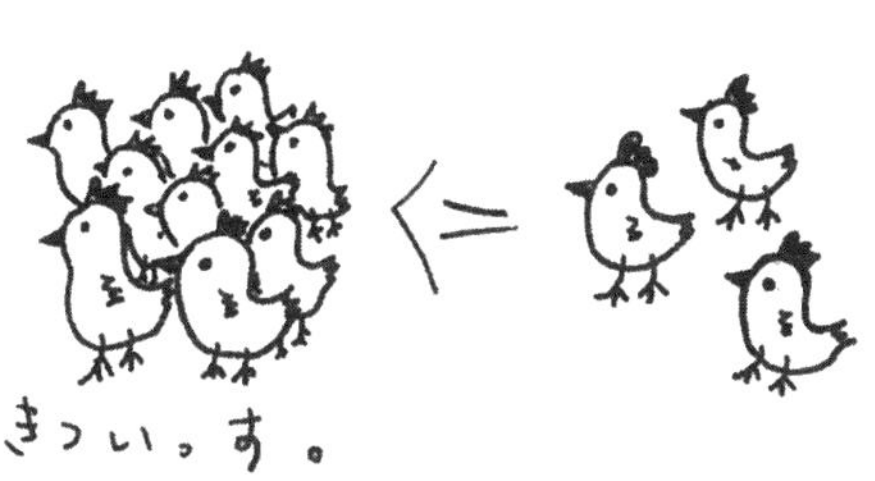

介護5なら、月に35万円程度の介護保険が国から税金で支給されるから。

丸 そう。それなら、一部屋に5人置いておけば、175万円。10人置いておけば、350万円。ビジネスなら、当然詰め込むよ。

長 そんなボロい商売、他にあるんかな?

丸 だからってわけじゃないけど、**町からお年寄りが消えたと思いませんか? 超高齢化社会のはずなのに、デパートにもレストランにも、あんまりお年寄りがいない。**

長 多くの後期高齢者が、病院か、施設にいるんですね。

丸 昔なら、ボケたって、家の縁側に座って猫の世話をしたり、孫の話し相手をしていた人たちが、介護保険ビジネスで、どんどん町から消えているんです。

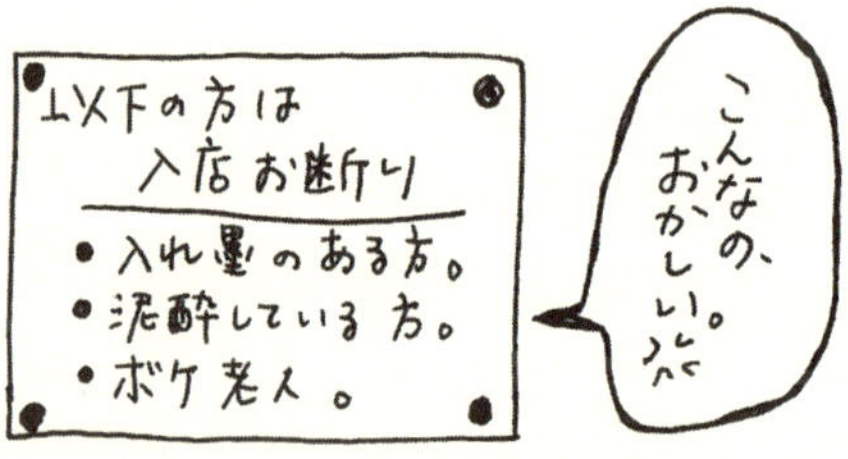
以下の方は
入店お断り
・入れ墨のある方。
・泥酔している方。
・ボケ老人。
こんなの、おかしい。

長　ついでに小さな子どもも、家に帰っても面倒を見る人がいないから、親が仕事から帰るまで施設に預けられていますよね。

丸　おかしいやん。それで何が良い子育て？ 結局、年寄りを押し込めれば、家庭環境全体が、おかしくなる。日本がおかしくなる。

長　たしかにその通りですね。ところで、そうしたビジネスに比べて、まるちゃんの〈つどい場さくらちゃん〉は、どんな料金設定ですか？

丸　うちはNPO法人。利用料は1回500円。昼食代も500円です。

長　あれだけたくさんおかずがついて、炊き立てのごはんもお替わり自由で、500円なんて、安いなあ。金儲けのセンス、ゼロやね、まるちゃんは。そもそも、〈つどい場〉を立ち上げる時に資金はあったんですか？

丸　オール借金。

長　ほんま？

丸　借りまくったよ。私、今でも多重債務者《たじゅうさいむしゃ》。借金だらけです。

長　あははは。だから、まるちゃんの名前は、「多重子《たえこ》」っていうんやね。名づけた親に先見の明があったってことや。

丸　悪かったな！

長　悪くないよ、ええんよ。まるちゃんは金儲けとは無縁の世界で、介護者たちの憩《いこ》いの場、そして介護されている本人たちも、施設の何倍も旨い飯が食える〈つどい場さくらちゃん〉を存続させてるんやから。介護保険制度では救えない部分を救えている。善人すぎて言葉が出ないですよ。

丸　金儲けしてない分、私は言いたいことが言えるんよ。それは長尾ちゃんだって、同じやないの？

長　そうです。「長尾君、在宅医療ってよう儲かるんやろ？」なんてたまに医者仲間に言われると、ちょっとガッカリ。そんな目で見られているのかと。24時間体制で、電話が鳴れば何時だって対応しているから、その報酬で余裕がある経営ができるのは事実。**でも、そもそも医療はすべて非営利なんだから。そこが介護と違う。利益が出ても株主も配当もない。でも、赤字になると倒産するから、必ず黒字経営でないと存続できない。利益は設備投資するか、最終的に自治体に吸収される仕組みになっているのが、医療という世界。**意外かもしれないけど、元々利益を出しても分配できない仕組みになっている。

丸　だから長尾ちゃんも言いたいことを言ってるんやね。

長　そう。悪い奴は口をつぐむのがこの世の中。もしくは匿名《とくめい》でしか、ものを言わないですね。……話が脱線しました。つまり、2000年以降、介護保険下のサービスと宅老所*のような場所が完全に分断された。制度に則ったものが正規（フォーマル）で、まるちゃんのところは非正規（インフォーマル）。

丸 つまり行政から見れば、私が邪道《じゃどう》や。

長 本当は、逆ですよね。まるちゃんがやってることのほうが本当の福祉で、王道なのにな。だけど残念ながら、そうした介護保険の仕組みについて知っている市民が、ほとんどいないと思います。

丸 いろんなことがそうなってしもた。これは介護の問題だけじゃないよね。日本人には、徹底した個人主義という考え方の土壌がないから。

長 そう。**だから、「リビングウイル」*（終末期をどう迎えたいかの、生前の遺書）も浸透しない**んです。

● **宅老所**
住み慣れた地域の中で、既存の枠にとらわれずに小規模でお年寄りを預かる場所。インフォーマルなサービスなので明確な定義はない。

● **「リビングウイル」も浸透しない**
↓106ページ参照。

丸　わからないこと、目を背けたい現実は、とにかく「お任せ」にしておきたい。自分で考えたくないという、言ってみれば「日本人のお任せ体質」が、介護保険でよけいに助長されたような気がするわ。

長　介護保険そのものが悪ではない。僕はそう言いたいわけではない。そもそも、介護を社会化しようという発想で生まれたわけだから。

丸　わかるよ。**介護の社会化というのは、大切な考え方。だけど、いつしかそれが、介護保険を使って、介護を施設なり企業なりに「お任せ」することが社会化だという発想になってしまったんやね。**

長　本来は地域でお年寄りを見るために介護保険制度ができたのに、実際は施設に預けるということが加速された。これは、ものすごく大きな矛《む》盾《じゅん》です。だけど、その矛盾に気づいて、闘っている人もいます。

丸　そうした矛盾に気づいている人が、良い介護を全国で広めていく可能性

はまだ残ってるのではないかな。

長 そういう人たちと在宅医が手を組めば、良い介護はできます。そこに医療者、介護者としての喜びもあるのです。

丸 喜びが大事なんや。「介護が喜びになりました」って、〈つどい場さくらちゃん〉に来てくれた介護者さんたちが言ってくれるのが、私にとっても喜びや。だけど、孤独の中で介護をしていると、そうした心のゆとりも生まれない。

長 それは、フォーマルにはなかなか難しいことだと思います。介護者の癒しはインフォーマルだからできる。〈つどい場さくらちゃん〉には、いつ伺《うかが》っても、喜びと、美味しいものが溢《あふ》れている。それが良い。

丸 借金も溢れてるけどな（笑）。

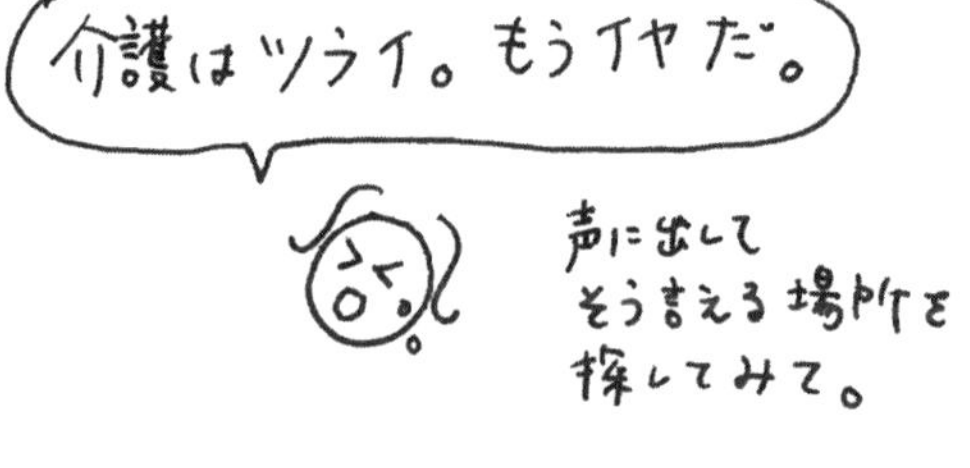
介護はツライ。もうイヤだ。
声に出して
そう言える場所を
探してみて。

困った症状への対応①

お金や財布を盗られたと騒ぐ

否定せず、受け入れる。
気をそらすのも◎

第3章

ボケたじいさんが暴れるのには、理由がある！

介護を金に換えなければ……そこに喜びが残る

長　前章は、介護保険制度の導入によって、「介護」が「ビジネス」になったということを話しました。もっと厳しい言い方もできます。「介護」が「ビジネス」になり、「収容所」化したんです。僕から言わせれば、介護保険が導入される前から、こうなることは、目に見えていたんです。「ビジネス」なんだから効率主義になる。ひとりでも多く詰め込んだ施設のほうが、儲かるのは当たり前ですから。

丸　でも、こうなることがわかっていた人って、少なかったんじゃないんかな。**核家族化、共働き社会、高齢化に伴って、家族だけで介護をするのに限界がやってきた。介護保険制度は、ある意味、国民の誰もが待ちに待った制度でもあったよ。制度自体が100%悪いなんてことはない。その活用の仕方が問題なんよね。**

長　それとともに、真剣に家族で話し合うこともなく、「ばあちゃんボケたから、はい、施設に入れなきゃいけない」と、年寄りはボケたら施設に入れられる。それが当たり前と考える人が増えてきてしまったのが、悲しいことですね。

丸　だから、「ちょっと待った！　いったんは家族で介護してみるっていう選択肢もあるよ、決してあなたは孤独じゃないよ、そのために地域があるよ、探せばこういう方法もあるよ」と私は言い続けたいんよ。なにも、〈さくらちゃん〉だけじゃない。介護ビジネスに良い意味で取り残された、残党みたいな人が全国各地にいます。つどい場の活動も広がっています。そういう場所を探してみてほしいんです。

長　全国どこでも探してみれば、「介護のビジネス化」から取り残された、良い残党がいます。その残党が各地で結構すごい力を持っているんです。すごく良い介護をしてるから。

丸　残りものを集めたら、複雑な味になる。鍋だって味噌汁だって旨くなるやん。

長　残党は、介護の喜びを知っているんです。介護でも医療でも、全身全霊で他者の生き死にに関わった人間には、他の職業では味わえないような喜びが伴《ともな》うと思うんですよ。
最近、取材を受けていると、こう訊かれることがあるんです。「在宅医として、毎日お看取りしていて悲しかったり、つらくないですか？　なんでこんな大変な仕事を選んだんですか？」って。そりゃあ毎日大変だし、悲しいし、つらいこともありますよ。だけど、それを超えた喜びが、この仕事には必ず待っている。「介護のビジネス化」に巻き込まれなかった残党が持っている喜びと似ているのかな。

丸　長尾ちゃん、今、ものすごく良いこと言いはったな。介護にはね、ちゃんと喜びがあるんですよ。

長　だけど、認知症の介護って今、ドロドロと暗いイメージしかついてないんじゃないかなあ。本当はそんなんじゃないですよね。人間ね、ボケていくとすごく素直になっていくんです。嘘や虚勢や、人を騙《だま》すことをしなくなる。心が裸になって、人間の本質を見せてくれる。だから、「介護とは何か?」を考えることは、実は「人間とは何か?」を考えることでもあるんです。「学ぶ喜び」もあれば、「その人の本質に出会える喜び」もある。ああ、お母ちゃんってこういう人やったんや、こんな物語を持っていたんやなあって。介護の時間は、あらためて家族を想う時間でもあると思うんです。

丸　世の中では、介護も認知症という言葉もマイナスのイメージじゃないですか。つらい、暗い、汚い、先が見えない。みんなそういうマイナスのイメージでばかり、高齢者を見ているから、「ばあちゃん、ボケてしもうた!　はい、介護施設を探そう!」という行動になるんちゃう?

〈つどい場さくらちゃん〉の伝説
杖《つえ》振《ふ》りじいさん

長 〈つどい場さくらちゃん〉に来た介護者は、ここで喜びを知ることができますよね。ほら、たとえば、月2回〈さくらちゃん〉に来られる、杖振りじいさん。

丸 ああ! 昨日も元気に、ごはんを3杯食べて帰りはったよ。旨い、旨いって言ってくれて。いつも、お嫁さんが杖振りじいさんを〈さくらちゃん〉に連れてきはるんです。

長 杖振りじいさんは、僕がまるちゃんに紹介したんですよね。

丸 そうそう。長尾ちゃんが、ある介護施設から見つけてきた。

長　僕は在宅医といってもご自宅だけでなく、老人ホームからもいくつか往診を頼まれているんです。杖振りじいさんは、とある介護施設から診療を頼まれたんです。まあ、施設といってもいろいろあるけど。特養、老健*、そして有料老人ホーム*……。

丸　〝ユウリョウ老人ホーム〟って、二種類あるんよね。「有料」と「優良」とね。「有料」はたくさんあるけど、「優良」はほとんどないね。

長　だけど、杖振りじいさんが入っているところは、結構「優良」な介護施設だったような。

丸　ええっ？　そうか!?

長　その施設の職員に相談されたんです。「困ったじいさんがおるんですけど、どうすればいいですか」って。「いつも杖を振り回していて、暴れるんです。危なくて、私たちは近寄れないんです」ってね。

●**老健**
要介護者を対象にした介護老人保健施設のこと。公共がやっている（すなわち介護保険の対象となる）施設で、在宅への復帰を前提に介護やリハビリを行う。特養の入所待機者が利用しているケースも多い。月額費用は7万円～20万円程度。

●**有料老人ホーム**
特養や老健のような公共の施設ではなく、民間企業がやっている高齢者向けの居住施設のこと。食事の提供や入浴・排泄の世話、掃除・洗濯や健康管理などのサービスを有料で提供する。「介護付き」「住宅型」「健康型」などがある。認知症の人が入所できるのは、基本、「介護付き」有料老人ホームで、数百万円～数千万円の入居一時金が必要。

丸　そうか、暴れるじいさんを薬でおとなしくさせようとせずに、ひとまず長尾ちゃんに相談したんなら、まあ、「優良」老人ホームやね。

長　僕が診察に行ったら、たしかに杖を振り回して、ウワーって大暴れしていたんです。そのじいさんの半径5メートルぐらいは人がいない。隔離《かくり》されているわけじゃないけど、人口密度ゼロ。じいさんがいつ暴れるかわからないので、怖がって誰も近づかない。部屋のドアも閉じられて、職員の出入りがあまりない。職員も怖いから、部屋の中に入れない。

丸　個室の施設だったわけか。部屋に閉じ込められて、じいさんが中でどんな気持ちでいるのかも、誰もわかろうとしてないんちゃうかな。

長　基本的に老人施設は今、ワンルームマンションタイプが多いんです。**夜なんかは外から鍵をかけて、暴れては困るから、出さないところも。**

丸 アホみたいやろ。高い金払って老人施設に入って、ワンルームに閉じ込められて、外から鍵をかけられる……。

長 それで、職員さんが僕に、「これ以上、あのじいさんに暴れられたら、もうウチでは介護できません。重度の認知症の人だけを集めた、精神病院系列の施設*に移す予定です」って泣きそうな顔で言うんです。

丸 とんでもない。姥《うば》捨て山のさらに姥捨て山へと連れていくわけやな。

「杖振りじいさん」が杖を振り回していたのには理由がある

長 施設といっても、認知症の軽度な人と、重度の人と、段階を分けて施設を作っているところもたくさんあるんです。でもこれは、ある程度仕方がないのかな。なんでかというと、他の入所者に少しでも危害を与えた時点で大変なことになる。いわゆる介護訴訟《そしょう》問題です。

●**精神病院系列の施設**
施設で問題行動を起こすと、精神病院の閉鎖病棟への入院を勧められるのはよくある話。中には、監獄のような個室に閉じ込められるケースもあるので、施設からこういう話を持ちかけられた時は、情報を仕入れたり、見学をさせてもらうなどして、本当にそれしか選択肢がないのかどうかを確認するのがベター。これには、かつて長期入院を余儀なくされた統合失調症の入院者数が、治療の進歩によって激少したため、日本は国際的にみて、人口あたりの精神科病棟のベッド数が断トツで多いという背景もある。

丸　今まで放っておいた家族が現れて、「杖振りじいさんが、うちのおばあちゃんをこづいた！　どうしてくれるの！」って騒ぎ出すのか。

長　だから、集団生活でリスクのある人は、隔離収容所的な施設に移されます。だけど、僕が診察させてもらったら、普通のおじいちゃんだったんですよ。いろんな話をしたら普通に喋るし、会話できるんです。だから、この人を隔離収容所的な施設に入れるのは、ちょっと違うんじゃないかと思って、ご家族に〈つどい場さくらちゃん〉を紹介したんです。幸いなことに、ご家族に理解があったから。

丸　それで、お嫁さんがじいさんを連れてやって来た。ここに来れば何も危ないことはしない。かくしゃくとした昔気質《むかしかたぎ》のおじいちゃんよ。

長　こんな言い方をしたら怒られるかもしれないけど、認知症の人は素直になる分、動物的にもなる。たとえば、犬は不審な人には噛みつくが、そうじゃない人には噛みつかない。それと似ている部分があります。

丸　どんなにボケボケでも、人を見ているんですよ。**その人が、自分に対してどういう気持ちで接しているのか、認知症になったってわかるのよ。**馬鹿にされていることも、ちゃんとわかっている。*

長　だから、僕もまるちゃんも、一度もそのじいさんに杖を振り回されたことはないですよね。それで今も、介護施設から、お嫁さんが〈さくらちゃん〉に連れて来ている。介護施設に在籍してはいるけど、〈さくらちゃん〉に来ることで、リラックスして、精神バランスが保てているんでしょうね。前よりも暴れることが、ぐんと減りました。

丸　最初、長尾ちゃんから、「ちょっと危険なじいさんかもしれん」と言われて覚悟してたけど、ここに来れば、「どこが危険なの？」っていうくらい穏やかですよ。ごはんを出すと、「ありがとな、ありがとな」って、なんでも美味しそうに食べてらっしゃる。いつもご機嫌です。実は、な

●馬鹿にされていることも、ちゃんとわかっている
認知症のお年寄りは、自分の現状に不安をもち、日々葛藤しているもの。だからこそ、今までの人間関係をなるべくキープすることが大切。たとえば、子どもや孫たちが、ボケたからといってばぁちゃんやじいちゃんに横柄な言葉遣いをしたり、小馬鹿にした表情をするだけでも、本人は傷つき、突然怒り出すこともある。

んであの人が杖を振り回していたか、理由がわかったんよ！

長 えっ、理由があったんだ？

丸 あの人、会社にいた頃、労働組合の委員長していたんです。組合活動の中では、ものすごく有名な人だったんですって。当時、組合の先陣を切って、「こら、社長出てこい！」って、旗を振り回してやっていたらしいわ。たまたまここに来られたボランティアのおっちゃんが、現役バリバリ時代の杖振りじいさんのことを知っていて、過去が判明したんよ。「ああ、この方は昔、○○って会社にいて、すごく有名な委員長でした」って。

長 なるほど！ じいさんには、その頃の記憶が鮮明にあるんやな。つまり、労組の旗の代わりに、杖を振り回しているんや！

丸 そうそう、誰かに暴力を振るおうとしているんじゃない。当時を思い出しているの。

長　**ボケて暴れる人には、実はみんなちゃんと理由があるんだね。**ただ杖を振り回しているんじゃなくて、本人はなんらかの意図があってやっているんだ。

丸　だから、じいさんにとっては、今、自分が介護を受けている理不尽《りふじん》な想いと、昔の会社に対する理不尽な気持ちが重なったんじゃないかな。

長　つまり、たったひとりのストライキだったんだ……。そういうふうに、認知症の人の行動には、すべて意味があると僕は思っています。それをみんな、暴力行為だとか問題行動だという。医学では、認知症は「中核症状」*と「周辺症状」*に分けて考えましょうというけど、「周辺症状」の場合は、それぞれに理由があるんですよね。

丸　そんな話をしたら、そのお嫁さんも嬉しそうだったよ。介護しながら、

●中核症状
脳の萎縮や血流低下に起因して、認知症の人に共通して現れる症状のこと。新しいことが覚えられなくなったり、過去のことが思い出せなくなる「記憶障害」、考えるスピードが遅くなったり、二つ以上のことが重なると処理がむずかしくなったり、日常の些細な変化で混乱しやすくなる「理解・判断力障害」、今いる場所や日時がわからなくなる「見当識障害」など。

●周辺症状
右の中核症状に対し、人によって、症状が現れる人と現れない人がある副次的症状のこと。周辺症状は徘徊《はいかい》、暴力、介護抵抗、幻覚、妄想、抑うつなどがある。医学的には、副次的とされているが、実際に本人を苦しませるのは、中核症状よりも周辺症状であると言える。

家族の物語を認識してあげることも、喜びのひとつだと思います。

ボケても、プライドは持ち続けている。そのプライドを傷つけたらあかん

長 特に男の人は、認知症になってボケボケになっても、頭の中ではずっと、仕事をしてるんですよ。

丸 女の人だってそうです。昔に戻って台所仕事をしたり、針仕事をしたりしている。

長 でも、男の人のほうがプライドが高いんじゃないかな。杖振りじいさんも、心はまだ現役なんです。在宅医をやっていると、そう感じます。寝たきりで赤ちゃんみたいになったおじいちゃんに、僕が介護ベッドの側から、「今日、仕事大変やったねえ」と話しかける。すると、「いやあ、最近は残業続きで疲れたわ」って答えてくれるんです。「そうか、

●**頭の中ではずっと、仕事をしている**
高学歴で社会的地位の高い仕事に就いていた人ほど、老いてしまった現実の自分を受け入れられず、スタッフに子ども扱いをされると怒り出すことも多い。プライドを傷つけないよう、上手に向き合うことが大切。長尾先生いわく、特に、医者、教師、坊さんだった人にこの傾向が見られるとか。

ボーナスはもう出たんか?」って訊くと、「いや、今は不景気で厳しいから出えへんのや」と真顔で言われる。みんな現役で仕事してるんです。その心意気に、ちょっとこっちも嬉しくなりますよ。

丸 女の人は、結婚時代をすっ飛ばして、娘時代に戻る人が多い。「おばあちゃんの旦那さん、どんな人だったの?」と訊いても、「えっ、私はまだお嫁に行ってないんよ」と言いはる人とかね。結婚時代を思い出したくないんだろうね。良かったわ〜、私は年取ってから思い出したくないもんが、お嫁に行った人よりも少なくて済みそうや(笑)。

長 **ボケると、男と女ではプライドの出方が違うみたいやね。そこをうまく受け止めて、話を合わせてあげる。**家族は「じいちゃん、なにアホなこと言ってるんや! とっくに会社は定年になったやろ!」とか、「ばあちゃん、あんたいくつになったと思ってるんや!」なんて怒ったらダメなんです。

丸 上手に話を合わせて、プライドを傷つけない。そうすれば穏やかな心を取り戻しはる。

長 そう、話を合わせるだけで穏やかになるんだから、大変なことでもなんでもないと思うけどなあ。

丸 だけど長尾ちゃんがこの先ボケたら、えらい大変やろうな。24時間・365日「往診に行くんや」ってずっと徘徊してるんじゃないの？

長 ははは。間違いないな。名物じいさんになるで。

丸 今だって十分、尼崎の名物やん。

長 それもそうや。徘徊も往診も、あまり変わらへんで。

介護者も一緒に
タイムトラベルして話を合わせる
恋する乙女時代
仕事バリバリの時代

第4章

徘徊老人を見つけただけで、警察に通報してどうするの？

「徘徊」という言葉が生む誤解

長　まるちゃん、「徘徊」*って言葉を辞書で引いたことある？

丸　あるよ、もちろん。いろんな辞書を引いて言葉の意味を確かめたもん。

長　ある辞書にはこう書いてある。「目的もなく、うろうろ歩きまわること」。

丸　目的なく……か。それはちょっと違う。目的はありますよ、**徘徊している多くの人には、ちゃんと理由がある**。さっき話した杖振りじいさんが杖を振っているのと同じでね。

長　そう。介護施設に入所しているお年寄りが、うろうろ歩きまわっている場合は、「ここは私の居場所じゃない」と思っているばあちゃんや、

●「**徘徊」って言葉を辞書で**
「広辞苑」には、以下のように載っている。
【徘徊】「どこともなく歩きまわること。ぶらつくこと」。【徘徊症】「どこともなく歩きまわる症状」。

「会社に行かねばならない」と思っているじいちゃんが多いですね。昔*に戻って「早く帰らないと、子どもたちがお腹を空かして待っている」と、家に帰るためにドアを開けようとしたり、外に出ようとしているんです。

丸 **「目的」があって外に飛び出すけれど、途中でその「目的」を忘れてしまうの。**今のことを次の瞬間に忘れてしまうのが、認知症やから。

長 そんなの、僕もしょっちゅうある。電話を切ったとたんに、なんの用件で話していたか忘れてる。携帯に一日に何度となく電話がかかってくるから……。

丸 だけど、長尾ちゃんのところのスタッフさんはそれを許してくれるでしょ? どうせ院長は今の用件、忘れてはるんやろなって、半ば諦めてくれるやん。介護施設の多くは、じいちゃんやばあちゃんに、それを許さないいんです。「とうとう徘徊が始まった。じゃあ、今日から昼間も鍵

●昔に戻って
男性の場合は、「会社に行かなければ…」女性の場合は、「昔のお家に帰らなければ…」というパターンで外へ出ようとすることが多い。こうした行動を止めようとするのではなく、上手に話を合わせて、一緒に歩いてあげたりすることが大切。最初から否定するよりも、本人の気持ちに共感してあげたほうが、徘徊がおさまる場合が多い。

かけて閉じ込めないとあかん！」という発想になってしまう。

長　**他人から見ると「問題行動」かもしれんけど、本人の中では「目的行動」です。そんなの、人間いくらでもある。**僕だって他人から見たら、「おっさん大丈夫か？　ボケたんちゃうか？」ってすでに思われているかも。寝ないで本を書いたり、せっかくの休日も返上して講演に飛び回ったりするのも、他人から見ると「問題行動」かもしれない。

丸　たしかに、尼崎と東京を一日に二往復したり、同じ日に本州と九州で講演会やるっていうのは、問題行動や。

長　その合間に結構こまめに往診もしているしね。だけど、僕の中では問題行動ではなく、目的行動なんです。すべて意味があると思うから、しているわけで。それと、徘徊しているお年寄りとは、脳で起きていることの根本は一緒じゃないのか、と僕は言いたい。

丸　それもそうやね。すぐに、「あの人、普通じゃないわ」と他人のことを言う人っているでしょ。その人に聞きたいんよ、「じゃあ、あなたは誰が見ても普通の人なんやな？」って。

そう考えるとやっぱり、**じいちゃん、ばあちゃんの「目的行動」を「徘徊」と呼ぶこと自体に罪がある。何か新しい言葉を考えたほうがいい。せめて、「迷子」とか、そういう言葉を使ってほしい。**

認知症の進行を遅らせる薬が、徘徊につながることもある！

長　若い人と話していると、もし自分が認知症になったら、一番許せないのは徘徊が始まることだ、と考えている人が結構いるんです。

丸　ええやん？　なんで？　徘徊する自分にどうしてそこまで恐怖を覚えるのかなって、不思議やわ。

●アルツハイマー型認知症

脳内に異常なたんぱく質（アミロイドβ）が蓄積し、神経細胞が変性して脳が萎縮していく疾患。ひどいもの忘れや時間・場所の見当識障害がある。認知症の6割はアルツハイマー型、脳血管性が2割、レビー小体型と、その他の原因による認知症が1割ずつといわれている。

長　あと、徘徊には薬の問題もありますね。

丸　ほんまにそう。*アルツハイマー型認知症を遅らせるという薬。*アリセプトとかね。

長　現在は、*他にも3種類ほどあります。なかには2種類併用されている方もいます。僕はそんな処方はまあしないけど。他に、抗不安薬や、睡眠薬や、副作用を抑える薬など……施設によっては、20種類以上の薬を飲ませているところもあるね。

丸　認知症の薬や睡眠薬を併用して、状態の良くなった人を見たことがない！

長　**薬そのものが悪いというよりも、医師の処方の仕方に問題があると僕は思っています。医師は、アルツハイマー型認知症と診断すると、条件反射のようにこうした薬を出したがるんです。**患者さんそれぞれの症状の

●アリセプト
一般名「ドネペジル塩酸塩」。認知症の中核症状に作用する薬のひとつ。副作用として怒りっぽくなる、イライラする、不眠、徘徊などがある。

●他にも3種類ほどある
レミニール（一般名：ガランタミン）、イクセロンパッチ、リバスタッチ（一般名：リバスチグミン。貼付薬）は、アリセプトと同じような作用機序があるため、併用不可。他にメマリー（一般名：メマンチン塩酸塩）があり、こちらは作用機序が多少異なるため、併用も許可されている。こうした抗認知症薬は根治薬ではなく、進行を遅らせたり、周辺症状を抑えるために使われている。また、徘徊などが激しい場合は、介護の負担を軽くするために、抗精神薬が処方されることもままある。

意味をあまり考えようとしないのです。アルツハイマー型認知症は、脳内のアセチルコリンっていう神経伝達物質が減少していくことがわかっています。アリセプトなどの抗認知症薬はアセチルコリンの濃度を高める作用がある。その副作用として、吐き気、不眠、不穏（穏やかではない状態）、徘徊などが報告されている。

丸　でも、薬を処方する時に、それが興奮を引き起こす可能性があるよ、とお医者さんは本人や家族にちゃんと言ってくれないんやろうか。

長　言わない医師もたくさんいるんじゃないかな。そもそも、そうした副作用の現実をよく知らない医師もいるようです。副作用のひとつである不穏が、時には過剰になって暴れ出してしまうこともある。

丸　私、この薬を処方された翌日から、夜中に徘徊を始めたというばあちゃんやじいちゃんをたくさん知っているよ。

長 ……薬をやめたとたんに、徘徊がおさまったという人もたくさんいます。病気だけ診て、人を診ない医療の象徴や。薬の処方とともに徘徊症状が始まったのならば、一旦その薬をやめて様子を見ましょうか、とアドバイスをするのが医師としては当たり前だと思います。

丸 そんな医師はめったにいません！　長尾ちゃんのほうがマイノリティなんやって。自分が出した薬のせいで徘徊が始まったとしても、普通の医師はそんなん認めへんよ。さらに睡眠薬を上乗せして、夜中に無理やり眠らせて、まもなく寝たきり老人のできあがり。「この薬を飲んでこうなった」という変化を本人が伝えられないので、代わりにお医者さんに伝えるのが家族の役割やと思う。

長 **ボケたばあちゃん、じいちゃんに寝たきりコースを歩ませているのは、決して介護施設だけの問題じゃないですね。医療にも大きな責任があります。**特に、認知症を専門に診ている医師や精神科の専門医のほうが、薬だけで認知症を治そうとする傾向があるように感じます。残念ながら。

丸 それって、長尾ちゃんが言う、がん診療連携拠点病院*が、がんや病だけを診て、人としての患者さんを診てないから、死ぬ直前まで抗がん剤を打っているという話と同じやね。

長 そうなんよ。そうした警告は、『抗がん剤10の「やめどき」』*という本でも詳しく書きました。批判覚悟でね。しかも、**抗がん剤よりもある意味、認知症の薬の処方のほうが罪は重いと思う。というのも認知症のほうは、自分の意思で休薬*できないから。**「この薬を飲んだらおかしくなった」と自覚できるのは、軽度の人だけでしょう？

丸 そう、医療者側のやりたい放題になる。その実態を、患者さんとその家族のために長尾ちゃんは活字にしているだけ。でも、そんなに批判って、くるものなの？

長 そりゃあもう、結構サンドバッグ状態です（笑）。でも、言っていかないといけない。がんも認知症も、同じ問題を抱えているんだって、僕に

●**がん診療連携拠点病院**
全国どこでも質の高いがん医療を受けられることを目的に整備された病院。厚労省が指定。

●**『抗がん剤 10の「やめどき」』**
抗がん剤をやる・やらない、効く・効かないの二元論でなく、「やめどき」があることを指南した本。2013年、小社刊。

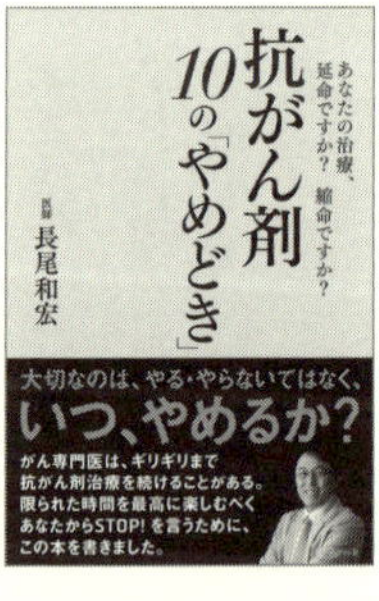
あなたの治療、延命ですか？ 縮命ですか？
抗がん剤10の「やめどき」
長尾和宏
大切なのは、やる・やらないではなく、
いつ、やめるか？
がん専門医は、ギリギリまで抗がん剤治療を続けることがある。限られた時間を最高に楽しむべくあなたからSTOP! を言うために、この本を書きました。

●**休薬**
薬の服用・投与をやめること。

は町医者として言い続ける使命があるんよ。**構造的にはがん治療も認知症の治療も、まったく同じ迷路を彷徨《さまよ》っているのが現在の日本の医療の実態なんです。専門医信仰が偏《かたよ》りすぎると、そういう支障が出てくるのはある意味、必然かも。**[*]それなのに、この国はあらゆる病気に対して専門医、専門の科を増やしていくのが良いことだと思っている節があるね。

丸　間違ってるわ！　何もかもが、間違った方向にいこうとしてる。

一昔前までは、自由に町を徘徊させていた？

長　この前、ある看護師と喋っていたら、こんなことを言ってたんです。「20年くらい前、私が子どもだった頃は、毎日毎日、町内放送のスピーカーから、〝三丁目の○○さん家のおばあちゃんがいなくなりました。探してください。ピンクのセーターを着ています。見つけた人は、町内会の●●まで電話ください〟というようなお知らせが流れていた。そし

●**構造的にはがん治療も認知症の治療も～**
本書の「はじめに」を参照。

て見つかると、〝さっきのピンクのセーターのおばあちゃんは見つかりました。ありがとうございました〟と流れた。それで町の人が、良かったなあとホッとする。ウチのおばあちゃんもボケてからは、何十回も町内放送をかけてもらって、いつも誰かに連れて帰ってきてもらった。あの頃は誰も、徘徊老人なんて言葉は、使わなかったですよね」と。

ああたしかに一昔前はそうやったなあって思ったね。

丸　そのとおり。もっと町全体、村全体が、大らかに、ボケたばあちゃんとじいちゃんを受け入れていたよ。あの大らかな文化も、もしかしたら、介護保険制度によって失われたもののひとつかもしれへんね。ボケ老人から、痴呆《ちほう》という呼び方になって、痴呆は差別的要素があるからと、今の「認知症」*という呼び方になったけど、この名称によってよけいに病人扱いするようになった。

長　言葉が広まることで社会の認識が悪いほうに変わることって、よくあるよね。たとえば、ただの片思いで、何も悪さしないでちょっと好きな子

●「認知症」という呼び方
厚労省が「痴呆」を「認知症」に言い替える決定をしたのは、2004年。その他、名称の候補として「認知障害」「もの忘れ症」「記憶症」「記憶障害」「アルツハイマー」があり、厚労省のHPで国民投票を行った。投票率1位は「認知障害」だったが、この言葉は統合失調症でも使われるために不適切とされ、2位の「認知症」に決定した。

のあとを追ったり、視界に入るような場所にいるだけでも、今は「危ないストーカー」呼ばわり。昔は、けなげな片思いってことで終わってた話なのに。「メタボなオヤジ」って言葉だってそう。

丸　それ、自分のことやろ。

長　あははは。でも、「徘徊」だって同じ。「ウチのおばあちゃん、またどこかに行ってしまった」と言うのと、「ウチのおばあちゃん、徘徊がひどくてな」とご近所に言うのとでは、明らかに後者のほうが病人扱いをされている気がするよね。

丸　すぐに110番してしまう家族もいる。周囲もそう。**「ウチのマンションのロビーに徘徊している老人がいる。すぐに来てくれ」と110番。警察沙汰にするほどのことやないのに。**

長　家族は「最近ウチのばあちゃん、すぐに外に出て行こうとするな」と思ったら、名札を服に縫いつけるとか、工夫できることはたくさんあると思いますよ。「徘徊されて、恥ずかしい」なんて思ったらいけない。恥ずかしいことなんて、ちっともないんだからね。近所の人にちゃんと言っておく。見守る目は多いほうがいいに決まってるんやから。「警察のお世話になる前に施設に入れないと」という発想は捨ててほしいな。

丸　歩けるうちは、歩かせてあげたほうがいい。認知症のお年寄りがウロウロしている時は、切羽詰《せっぱつ》まった表情をしている時と、ニコニコと穏やかな顔をしている時があると思う。切羽詰まっている表情の時は、「どうしたの？　どこ行くの？」と訊いてみれば、「会社に行くんや」と答えたり、どんな目的かわかります。

長　ニコニコと穏やかな時は？

丸　ただの散歩かもしれへん。桜がきれいだとか、今日は空が青くて気持ちいいなとか。**人として当たり前の感情ですよ。認知症の人がひとりで**

外を歩いていたら、全部「徘徊」とみなす人たちのほうが、よっぽどビョーキ。

歩ける人を、出歩けないように閉じ込めると何が起きるか?

長　歩いているうちは大丈夫、寝たきりじゃないってこと。当たり前やけど。ちゃんと歩ける人を、部屋に閉じ込めて出歩けないようにしてしまうと何が起こるか?　たった数日で、寝たきりになるんです。

丸　寝たきりになると、認知症も深刻になるよ。

長　そう、ほんまにあっという間ですよ。一週間前に元気に歩いていた人が、たった数日、部屋で寝たきりにさせただけで、もう二度と歩けなくなることが、たくさんあるんよね。

丸　つまり、寝たきり老人を、病院や介護施設が作っている？

長　寝たきりになると、運動量も減り、筋肉も減っていくから、それまで元気に食事していた人が、口からごはんが食べられなくなるんです。

丸　**まだまだ自分で歩ける人を閉じ込める。↓寝たきりになる。↓口から食べられなくなる。↓ボケがもっと進む。↓そして胃ろうを造りましょう、という話になる。**口腔《こうくう》*ケアと嚥下《えんげ》リハをちゃんとやれば、まだまだ口から食べられるのに。そうやって、重度の要介護者を作り出している介護施設を、いっぱい見てきたよ。

長　警察の発表によると、徘徊したまま外で死んだり、行方不明になっている人が、年間に千人近くいるらしいんです。しかしこれも、全員が全員、認知症だってことはないわけで。僕みたいな人間がある日、行方不明になって死んで見つかっても、たぶん「徘徊死」と言われるかも。

●口腔ケアと嚥下リハ
口腔ケアとは、口の中を清潔に保つためのケアのこと。介護者が、歯磨きやうがいをきちんとサポートすることが大切。口の中の清潔を保ち、細菌を減らしておくことは誤嚥性肺炎の予防にもつながる。嚥下リハとは、嚥下(食べ物を飲み込むこと)障害のリハビリテーションのこと。食べやすい体位を工夫したり、食事内容や食事器材を工夫することで、口から食べられなかった人が再び食べられるようになる

丸 だけど世間は、「徘徊で年間千人もが、死亡もしくは行方不明!」と、さも恐ろしいニュースのように取り上げるでしょ。「そんなに死んでるんなら、認知症のばあちゃんを家に置いていたら危ないわ!」って考える家族がいてもおかしくない。

長 確かにひとりで歩きまわるのは危険だし、町ぐるみでなんとかしないといけない問題。だからといって、施設に閉じ込めて、あっという間に寝たきりにされて、病院に移っていっぱい管つけられて死ぬのが、介護施設に入れられた認知症の人の行く末だとしたら? **尊厳のある、自由のある死に方とは、本当はどっちなんや?** とも思う。

丸 それに最近は、スマホにＧＰＳ機能がついてるでしょ。ＩＴの力と、町の力と、両方を工夫すれば、そうした事故は防げるのとちがう?

長 町の力。僕もそこを信じたいです。だって僕は町医者だからね。認知症の人を町で丸ごと見ようと行政が力を入れているところが、最近、ポッ

ケースは多数見受けられる。詳しく知りたいという方は、『認知症患者の摂食・嚥下リハビリテーション』(野原幹司編集、南山堂)という本がおすすめ。

ポツ増えてきました。「ウロウロした」↓「施設に入れよう」ではなくて、まずは自分の住んでいる町でどんな取り組みがあって、どんなサービスがあるかを調べてみる価値はあるよね。そういえば、先日講演に呼んでくれた大阪府河内長野市《かわちながの》は、町ぐるみで「徘徊ＳＯＳネットワーク」なんてやっていた。

丸 警察の人も、認知症についてもっと勉強してほしいんです。**道端でボーっとしていたおじいちゃんを、まるで逃亡中の強盗犯のように捕まえてパトカーに乗せたら、そりゃあ、じいちゃんも怖いよ。暴れるよ。**

長 その点、尼崎は下町風情が残っているから救いがありますね。昼間から大勢のおっさんたちが商店街で酒飲んでボーっとしてるから。この下町ののどかさが、案外いい。ボケてるのか、酔っ払っているのかもわからないおっさんたちがウロウロしている。昨夜の僕もそうかな。それが、本当の意味で住み心地のいい町とちゃうんかな。

困った症状への対応②

何度も食事を
要求する
ごはん まだかい？
◎
受け入れて
少し食べさせる
おやつでも
いかがですか？
作るフリで
OK！
今から作りますね！
ホッ
×
さっき食べたばかりで
しょう？
？
？
？
ウチのヨメは
何も食べさせて
くれないんじゃ…
マア…
さみしさや怒りを食べることで
解消しようとしていることも。
まずは 話を聞いてあげて。
何が食べたい
ですか？
お肉、お好き
なんですよね？
食べたことを
忘れてしまった
or
脳の満腹中枢が
障害されている
おなか
すいた…？

第5章

これぞ日本の悲劇!?
…ボケた親を
看取れない子どもたち

「どうせ死ぬなら認知症がいいよ」と言うと怒られる!

長 最近、講演会でお話させてもらう時、皆さんにこう質問をするんですよ。「あなたは死ぬ時、がんで死にたいですか? それとも、認知症で死にたいですか? 究極の二者択一ですよ」って。2人に1人はがんになり、8人に1人は認知症になるのが現実ですから。

丸 *認知症が直接の死亡原因になることはないけど、要するに、徐々にいろいろ忘れていって、最後は何もわからないまま死んでいきたいですか、ということやね。

長 そういう意味です。だけどまあ、どこで何度聞いても、圧倒的に「がんで死にたい」というほうに、皆さん手を挙げるんです。不思議なことにね。

●**認知症が直接の死亡原因になることは~**
認知症の権威・長谷川和夫氏(聖マリアンナ医科大名誉教授)によると、認知症の人の老化の速度は、認知症になっていない人の約3倍のスピードだという。

丸　ええっ？　なんでやろ。がんのほうが、治療がややこしいやん。

長　そう。がんのほうが、ややこしい治療をし、死の恐怖と向き合うことが多いはずなのに。つまりそれくらい、**「何がなんでも、認知症にだけはなりたくない」って、皆さん考えているようです。**もちろん、どちらにもならないのが一番良いし、ならないようにアドバイスするのが医者の仕事なんやけど……。

丸　そもそも認知症のほうが、がんより長生きできるのにね。

長　そうでしょう？　もちろん、若年性認知症《じゃくねんせいにんちしょう》*は別として。平均寿命である80歳以上の認知症っていうのは、基本、脳の老化に起因しているから年寄り病の側面がある。長生きしてきた証でもあるよね。長生きした分、イヤなこともたくさんあった。でもそのイヤなことはすっかり忘れて、長い人生の中で作ってきた家族に……まあ、嫌いな家族もいるだろうけど……そもそも自分が作ってきた家族じゃないですか。その家族のお世

●**若年性認知症**
18歳以上、65歳未満で発症する認知症。老人性認知症と同様、もの忘れ、言語障害などが現れる。詳しくは193ページの本文を参照。

話になりながら、ゆっくり死んでいけるって、そんな悪い話じゃないと思うんやけどね。

丸 長尾ちゃんは、どっちですか？

長 もちろん、認知症派ですよ。まあ50歳までは、僕もがん派やったけど。でも、「僕は認知症で死にたいと思ってま〜す」と講演会で喋ると、「親や配偶者が認知症になって困ってるから、先生の講演会を聴きに来たのに、あんた何を言うとるんや！」と、すごく怒る人がいる。「認知症やがんで患者を死なせないようにするのが、医者の仕事ちゃうんか！」とアンケートに書いてくる人が必ずいるんです。

丸 そんな意味で言ってるんやないのになあ。その人が認知症やったりして。

長 **人はいずれ死ぬ。死亡率100パーセントだから、元気な時から自分の死に方を考えましょうと言ってるのに、どうも、それが通じないことが**

時々ある。あるいは医者が死について熱心に話す事自体が、けしからんという空気がね。もちろん、家族を一生懸命介護してるから、死ぬ時のことなんて考えたくない、という気持ちはよくわかります。だけど、人は死ぬんですよ、必ず。それに高齢化に伴って、認知症にがんが合併する人も増えています。だけど、認知症が進めば、「自分はがんだ」という自覚もないまま死ぬことだって結構あるんよね。

丸 認知症の家族をしっかり見送った人には、「笑顔しか思い出せない」という人が結構多いよ。これが他の病気だったらそうもいかないでしょう。

長 そうやね。だけど、「認知症になると、娘や息子に迷惑がかかる」と思って、それやったら、がんのほうがいいと考える人が多いようです。子どもとの関係性が良い人ほど、そう考える傾向があるんじゃないかな。

丸 「家族に迷惑がかかる」って、迷惑かけ放題で許されるのが、血のつながった家族なのにな。私は、「娘や息子のために……」ということって

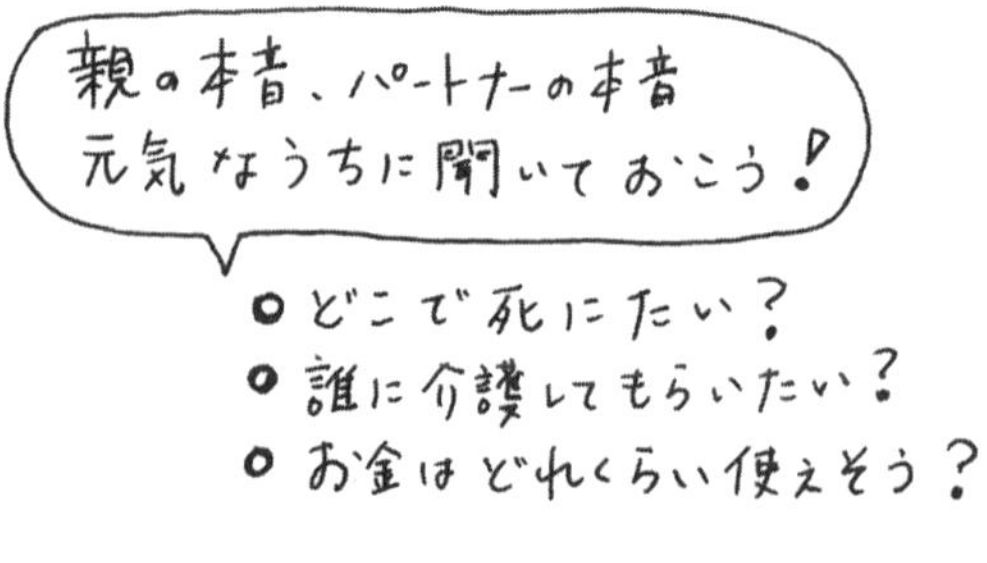
親の本音、パートナーの本音
元気なうちに聞いておこう！
○どこで死にたい？
○誰に介護してもらいたい？
○お金はどれくらい使えそう？

実は、愛じゃなくてエゴじゃないか、と常日頃思ってるんよ。

長 愛か? エゴか? 難しいテーマですね。そして、在宅医としても毎日考えさせられるテーマ。自ら施設への入所を希望することは、子どもへの愛なのか? それともエゴなのか? 認知症と家族愛は、切っても切り離せない問題ですからね。

丸 愛か? エロか? やないで。エゴイズムのほうやからな、長尾ちゃん。

求めよ、さらば与えられん

丸 この前、『日本の悲劇』*という映画を観ました。ある一家の悲劇を描いた映画なんだけど、仲代達矢さんがお父さん役で、そりゃあ、迫真の演技でしたよ。

●**『日本の悲劇』** 2013年公開、小林政広監督。2010年に東京都足立区で起きた高齢者所在不明問題をモチーフにしている。

長　ああ、実際に起きた事件を元に作られたという……。無職で親の年金だけが拠り所だった子どもが、親が死んだことをひた隠しにして年金をもらっていたという事件がモデルでしたっけ？

丸　はい。自分の生活のために、親*が死んだことを隠蔽《いんぺい》するなんて、とんだバチアタリだと思うよ。もちろん、犯罪だし。

長　神をも恐れぬ行為とはまさにこのことですね。親の成仏を子どもが両手で邪魔してる。

丸　だけど、それがこの映画のタイトルとつながる。まさに、「日本の悲劇」ですよ。親戚のつながり、地域のつながりが断絶し、誰にも助けてと言えない孤独を生きる子どもの世代。息子は、親が「死」に向かっていくことに対し、気が狂わんばかりに怒って、怒り疲れたら、ただ茫然《ぼうぜん》とするしかないんです。

●**親が死んだことを隠蔽**
子が親の死亡を届け出ず、親の年金を不正に受け続けるケースが増えている。我が国では２０１２年に１００歳以上の人口が5万人を突破した。しかし、内、2万人以上の人が所在・生存が不明という報告もある。

長　しかしそうした、成人してもある意味、無力で財力もない子どもを誰が作ったのか？　といったら自分たち親にも責任があるんです。製造責任がね。つまり親側は、自分が死んでも子どもらが自分の年金で暮らしていけるんなら隠蔽されてもいい、と思っているかもしれない。親側も、外に向かって「助けてほしい」と言えない社会になっているんです。

丸　『日本の悲劇』は認知症の映画ではないけれど、この映画で描かれたような、地域のつながり、社会との断絶が、認知症と介護の問題にも大きくつながっていると思いました。

長　そういえば「無縁社会」*という言葉もあるよね。

丸　でも、ちょっと見方を変えれば、**誰もが今この国で、「無縁社会」という不安を抱えているから、声を上げた者から、連帯できるんよ。**

長　地縁・血縁が濃くない今の社会だからこそ、だよね。

●**無縁社会**
生涯おひとりさまで過ごす、単身世帯の増加などにより、家族や地域、社会における人とのつながりが薄れ、孤立する人が増えている社会。ＮＨＫが２０１０年に制作した同番組名が反響を呼び、この言葉が浸透しつつある。

丸 そう、難しくなんかない。「ウチの親がボケた。困ってる。方法がわからない。私はどうすればいいのか?」と、家の中ではなく、家の外に向かって、声を上げること。当たり前だけど、これをできる人とできない人で、介護の生活にすごく差が出るんじゃないかと思う。

不器用な日本男児なんて、もう要らん! もっとまじくれ!

長 『日本の悲劇』という映画でも描かれていたようやけど、特に、子どもが息子ひとりの場合が難しいと感じます。女性よりもどうしてもコミュニケーション能力が低いことが多いから、男の介護者は声を上げにくい。その結果、介護殺人なども男のほうが引き起こしやすい。**ある調査によると、介護殺人の被害者は女性が多くて、男女比が女性7:男性3。加害者を見ると、見事にこれが逆転して、男性が7:女性が3。**ただし、これは親子間だけではなく、夫婦間の殺人ももちろん含まれます。

男が介護で困った!と感じるとき

- 料理・食事
- 排泄の介助
- コミュニケーションの取り方

…妻や母がボケた、と周囲に言うのがはずかしいという想いが強い人ほど孤立しがちです。

丸 殺人までいくことは稀としても、不器用すぎる男の介護が悲劇を生むケースが多いですね。これからの男性は、高倉健*を目指すんじゃなくて、長尾ちゃんみたいなコミュニケーション能力の塊みたいな男を目指すべきや。

長 えらい飛躍《ひやく》したな。頼むから高倉健と僕を並べるのはやめてくれ。

丸 介護される側になってみれば、息子や夫に、「オレ、不器用だから」なんて言われたらたまらないから。また、社会的に立派な仕事をしている人ほど、介護をした時に、すぐに称賛や評価を求めたがる。俺、こんなに頑張っているのに、誰も俺を褒めてくれない……という気持ちになって、すぐに折れてしまう男性をたくさん見てきました。男の介護のコツは、まずは、「称賛を求めない」ということにある。

長 不器用な男が介護に困っていて、自分で声を上げられんかったら、物干しに黄色いハンカチ*を縛っておくとか、そういう政策も必要かもしれな

●**高倉健**
高倉健といえば、生命保険会社のコマーシャル(1984年)の名セリフ「不器用ですから」を最初に思い出す人も多いはず。健さんのような朴訥とした、不器用キャラは、実は日本男児の憧れ。しかし、実際の高倉健はお喋りで陽気だという噂も…。

●**黄色いハンカチ**
高倉健つながりです。映画『幸福《しあわせ》の黄色いハンカチ』から…。

いよ。「介護で困ってます〜。助けてください」の黄色いハンカチ。

丸　困ったもんだ。私は、〈つどい場さくらちゃん〉を立ち上げた時に、「**まじくる**」*という言葉をモットーにしたんです。まじくる＝いろんな人が混ざり合い、しゃべくり合う。上下関係も、支援する側／される側の壁もない、人と人とのつながり。そんな想いをこめて作った言葉なんよ。

長　「**まじくる**」って言葉、最初聞いた時は「なんのこっちゃ？」と思った。でも今は、すごいええ言葉を考えたもんや、と感心しています。僕もしょっちゅう講演会などで使わせてもらっている。たとえば、医者と患者のあいだには見えない壁がある。同じように介護する側とされる側にも大きな壁がある。こうした壁をとっぱらって同じ土俵で普通に話し合いましょうよ、という願いがこの言葉にはこめられているんよね。

丸　長尾ちゃんがブログや講演でこの言葉を紹介してくれたおかげで、ちょっと広まったことはほんまに嬉しい。

●**まじくる**
まるちゃんの造語。今では、〈さくらちゃん〉のある西宮市でもこの言葉をモットーに、西宮市、西宮市社会福祉協議会、ＮＰＯ法人が連携《れんけい》した形での様々なフォーラムを企画するまでになった。

長　医療と介護が連携しましょう！　なんてスローガンを掲げているうちはまだそこには壁があるということ。医療と介護の関係は、上でも下でもない。ただ、まじくればいいんです。

丸　親の介護で孤独になっている息子も娘も、もっとまじくらないといけない。だって、そういう人たちのために、私は〈つどい場さくらちゃん〉を作ったんです。私も兄妹はいたものの、ほとんど孤独の中で、両親と兄の介護をしていたわけだから。**孤独な人の気持ちは、一度孤独になった人しか、わからんものです**。介護に苦しむあなたを、「無縁社会」に放ってはおかへん。それが、つどい場の役割。

「家族の世話になりたくない」は愛ゆえか？　それともエゴか？

丸　私が介護者を見ていて思うのは、絶対にこの親を看るんだとか、この主人を看るんだとかいう思いが強い人は、やっぱりちゃんと、出会いがあって、つながっていくということです。ところが、**依存《いぞん》体質の強すぎる介護者は、「あたし、しんどいの」「こんなはずじゃ、なかったの」「なんとかしてほしいの」と、たとえつながっても、まじくれない。自分のことしかよう考えられへん人は、良いつながりを手に入れられへんという法則ですね。**世の中、なんでもそうやと思うけど。

長　**現代は有史以来、最も「自己愛*」が強い時代だと思うんですよ。それが我々を幸福にしているのか？**　していないね。「自己愛」は裏を返せば「プライドの高さ」になる。それがつまり、「私は家族になんか介護させたくない。ボケたらさっさと施設に入れてくれ」という話になっていくんです。

丸　私もそれは、親の愛とは思わない。親のエゴです。

長　どうしてそう思うの？　そうそう、この対談をまとめているブックマン

●**自己愛**
エゴイズム。自分自身を大切に思う気持ち。誰でも持っているものだが、病的な自己愛の場合、他者との共感や対等な交流が困難で、常に自分自身の欲求の充足や感情の表出が優先される。

社の編集者の話ですが、数年前に亡くなられたタレントの山口美江《やまぐちみえ》*さんの介護の本を以前出したんですって。

丸 山口美江って、「しば漬け食べたい」のコマーシャルで一世を風靡《ふうび》したタレントさんや。べっぴんさんの。

長 そう。若い人には通じないかもしれないですけど。彼女の最愛の父親がアルツハイマー型認知症になっていき、娘ひとり、父ひとりの壮絶な介護の記録をまとめた本です。その山口美江の手記に、編集者は*『女ひとりで親を看取る』というタイトルをつけたんです。

丸 その本は私のところにも送られてきました。その女性編集者は本の帯に、こう書いた。「父は再婚せず、私は結婚せず、ずっとふたりで暮らしてきた。アルツハイマーの父を介護するのは、私しかいない」――つまり、シングル女性の親の介護がテーマ。

●山口美江
CNNのニュースキャスターとしてデビューし、その美貌と頭の良さで元祖バイリンガルタレントとして一世を風靡。その後、実業家としても活躍しながら、父親の介護を行っていた。2012年3月8日、横浜市の自宅にて死亡しているのが発見された。享年51歳。

●『女ひとりで親を看取る』
山口美江著。2008年小社刊。

長　たくさん読者からの手紙が来たそうです。その8割が、親の世代からの手紙で、「**この本を読んで、私はボケたら施設に行こうと決めました。自分の娘を山口美江みたいにはしたくないから**」と書いてあった。その反響に編集者は脱力し、悔しかったそうです。そんなつもりでこの本を出したのではないのに、シングル女性を励《はげ》ますつもりで出版したのに、と。しかし世の中の反応は予想と違ったんです。

丸　そこが、おかしい。シングル女性であっても、家族がたくさんいたとしても、**主たる介護者は、ひとりなんよ。一対一で向き合うのが介護です。つどい場は、その一対一を支援する。代わりにはなれない。その立ち位置がぶれないように支援するんです。**それに、人生が「死」をもって完結だとしたら、そこまでいくのに、子どもを産んで、育てて、その子に介護されて、看取られるというのが完結の形じゃないの？　自然に考えたら。子育てを一生懸命したんやから、お前も一生懸命介護してよ、それくらいの気持ちでいたらいいやん。

長　それが無理な家族もたくさんいます。シングル介護*の場合、収入の問題もより深刻になる。家族ごとにさまざまな事情があるわけで。だけど、自分のできる範囲で精いっぱいやろう、という気持ちは捨てないでほしいですね。

丸　個人主義が徹底していないこの日本の中で、介護と看取りの、人生の完結に向かう部分だけが、なんで個人主義になるのか。相当いびつな話だと思うんです。こうなったのは、やっぱり核家族化が顕著になってからでしょうけどね。

長　つまりそうした親の思いが、「**認知症で死にたくない**」っていう希望に集約されていくのかなあ。

丸　そういう人は、銀行に貯金だけはたくさんあったりするんよ。

長　そうか。子どもに介護してもらったり、看取ってもらうつもりがないか

●シングル介護の場合～
2013年に総務省が発表したデータによると、無職で介護している人は266万人。働きながら介護をしている人は290万人。「介護休業制度」で、要介護状態の家族1人につき93日を上限に休むことができるとされているが、実際に介護休業を利用した人は約8万人しかおらず、介護離職者は増え続けるばかり。今後、高齢化が進むと同時に、生涯未婚者率も増え続けることが予測されており、介護離職者が未婚者であれば、収入減による生活の困窮は免れず、シングル介護者にどう対応していくかも、国の早急の課題。

ら、その分、自分の最期のために貯金しようということですね。そういうお金持ちが、変な施設に入ってしまう可能性が高い！

丸　**金持ちほど平穏死できないかもしれない。**

長　欧米の人は、老後に貯金をどんどん切り崩して、ほぼ預金ゼロになって死んでいくけれども、日本は死んだ時に一番残高が高い人が多いらしい。だからスペインとかと違って日本は財政破綻しないと言われています。*

丸　お金を貯めて、高級シャンデリアと大理石のある有料老人ホームという「監獄《かんごく》」に入って、幸せな介護を受けられる？　子どもに介護をさせたくないという人が、なんで他人から、良い介護なんて受けられますか。長尾ちゃんも、お金持ってはるから気ぃつけたほうがええよ。

長　持ってませんって。いや、結構、持ってるかな（笑）。

●**日本は死んだ時に一番残高が高い人が多い**
現在の高齢者は、死亡時の預金額が平均3000万円。

丸　悪いけど、長尾ちゃんが平穏死できるとはどうしても思えない。

長　実は時々想像するんです。僕が死んだら週刊誌の片隅に、こんな見出しが出るんやろうなって。「*『**平穏死 10の条件』という本を書いた医者、平穏死できず**」って。

丸　わかっとるやん。紺屋《こうや》の白袴《しろばかま》や（笑）。

長　そしたら、どうせなら、「腹上死」がええわ。もう少しゆとりができたら、「腹上死 10の条件」っていう本書きたいわ。

丸　こらっ！　でもその本が一番売れたりしてな。

●**『「平穏死」10の条件』**
長尾和宏著、２０１２年小社刊。延命治療を受けず、平穏に生を全うする方法を説いた本。13万部のベストセラーに。

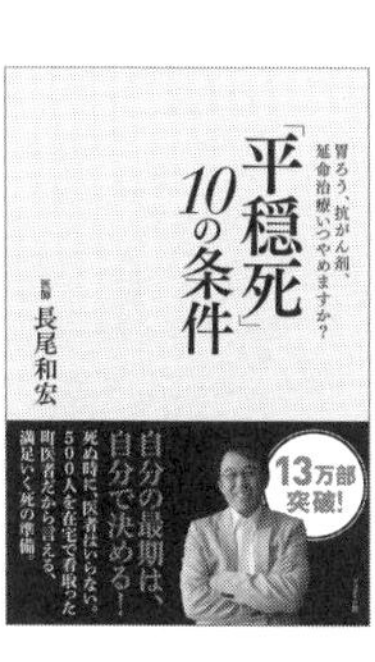

考えよう!

認知症でもリビングウイルは可能か? 可能とすればどこまで?

長尾和宏

●リビングウイルって何?

リビングウイル(living will)とは、一言で言えば、「自分が不治(回復が不可能な状態)かつ末期になった時に、延命治療を差し控えてほしい」という意思表示です。文書で書いて署名捺印します。

日本には、日本尊厳死協会という一般社団法人があります。主にこのリビングウイルの啓発と管理を行う人権団体で、私は副理事長職を拝命しています。

2013年現在、12・5万人の会員がいますが、日本人の人口で割るとわずか0・1%にすぎません。欧米では、リビングウイルは多くの人が表明しており一般的なものです。米国では国民の41%が表明しています。国際的にみて日本はリビングウイルを持っている人が極端に少ない国です。超高齢化社会を迎えようとしている今、現状のままでは終末期医療にさらなる歪《ゆが》みが生まれるのではないか、と私は懸念しています。自分の最期を人任せ、医者任せにしてきた結果、一昔前まで、がんの終末期の患者さんは皆、管だらけになって死んでいきました。「スパゲティ症候群」なる言葉を聞いたことがある方も多いでしょう。否、もしかしたら、現在も状況はあまり変わっていないかもしれません。死の当日まで、痩せこけて息も絶え絶えになっても、抗がん剤治療を受けていた患者さんを私は何人も見ています。それが本人の確固たる意思ならばいいのですが、病院に言われるまま、ただ受け身ゆえによけいな苦痛を味わっていたのだとしたら、悲劇ではないでしょうか。

故・伊丹十三《いたみじゅうぞう》監督の名作『大病人』（主演・三國連太郎）という映画をご覧になったことはありますか？　今からおよそ20年前、１９９３年の作品です。

気管切開をして人工呼吸器をつけた末期がん患者さんの姿と病院の対応の様子が生々しく描かれ、当時の日本人の終末期の在り方に一石を投じた作品です。あの作品に心を動かされてリビングウイルを表明した人が増えたようです。

●リビングウイルと日本の法律

日本のリビングウイルには、大変残念なことですが未だ法的効力が認められていません（アメリカなどでは、〈Advance Directive〉と呼ばれる事前指示書が法制化されています）。

リビングウイル法案が、超党派の約130人の国会議員により議論されて、はや8年が過ぎました。2012年夏には「終末期における患者さんの意思を尊重する法律案」として作成された叩き台が、新聞各紙でも報道されました。私も日本尊厳死協会副理事として、また、700人以上を在宅で看取った現場の医師として、法制化の必要性についてお話をしてきました。しかし様々な意見が飛び交い、また政権交代の影響もあって、1年以上この重要な議論は中断したままでしたが、また今年（2014年）から、再び議論が大きく動き出しそうな気配です。

一方、遺言書は法的にもちろん有効です。つまり亡くなった後のこと（遺産相続や葬儀やお墓のことなど）は自己決定が法的に担保されていますが、個人の尊厳として一番肝心なはずの、亡くなる前に受ける医療については自己決定が法的に担保されていないのが日本の医療の現状なのです。

自己決定が法的に担保されないと、どういうことが起こるのでしょうか？

終末期の延命治療に本人が「NO！」と文書で表明しても、家族が「YES！」と言えば、家族の意思の方が優先されるということです。もっと言えば、家族の意思を優先しないと医師が罰せられる可能性があります。そんな国は、先進国では日本だけです。つまり、患者さん本人の希望に反して医師は、延命治療を続けざるを得ないことも、医療の現場では往々にしてあるのです。

●末期がんから認知症へ……変容するリビングウイル

私が医者になってから30年の時が流れましたが、この30年のあいだで、医療は大きく進化、変容しました。医療技術のめざましい進歩と、病院主体の時代が続いています（病院で死ぬ人の数が、在宅で死ぬ人の数を上回ったのが1976年です）。

日本尊厳死協会が発足した37年前、あるいは私が医者になった30年前は、市民は主にがんの終末期の延命治療をイメージしてリビングウイルを表明していました。私自身もそうでした。もちろん老衰や脳梗塞、その他の難病や交通事故などでの「遷延《せんえん》性意識障害（重度の昏睡状態に陥ること。いわゆる植物状態）」も想定されていましたが、やはり、圧倒的にがんの終末期のイメージが強かった。

しかしこの数年間で認知症の人が急増したことともに、認知症の終末期の問題が、にわかにクローズアップされるようになりました。中でも注目されているのは、口から食べられなくなった時の人工栄養、すなわち〝胃ろう〟の議論です。日本の胃ろう人口は、現在40万人とも50万人とも言われていますが、多くの認知症の人にも胃ろうが造られています。「胃ろうだけは拒否したいから、リビングウイルを表明したい」という人が最近増えています。

つまり一昔前は「末期がんの人工呼吸器を拒否するためのリビングウイル」だったのが、現在は「認知症になった時に、胃ろうを拒否するためのリビングウイル」に変わりつつあるのです。このように、時代や疾病構造の変遷とともに市民がイメージする延命治療のイメージも大きく変容しています。

●「認知症」と「自己決定」。悩ましきパラドックス！

さて、私は個人的に、リビングウイルに関する素朴な疑問があります。

一つは、その有効期限について、もう一つは、認知症とリビングウイルの関係についてです。

たとえば、私は臓器提供の意思表示をしていますが、健康保険証や運転免許証の裏には臓器提供の意思確認にサインする場所があります。ご存知のように保険証や運転免許証は、定期的に更新しなければいけませんから、そのつど、臓器提供の意思確認のサインも更新されるということです。人間の気持ちは常に揺れ動くものなので、定期的に意思確認が必要であるとの考えです。遺言書は撤回しない限り一生ものですが、臓器提供の意思は生命倫理に関するものなので、定期的な意思確認が必要と考えられているのでしょう。

さて一方、リビングウイルには有効期限があるのでしょうか？　この命題にきちんと回答できる人はほとんどいないはずです。難問です。諸外国では3年程度とされていますが、日本尊厳死協会では1年程度と考え、毎年、リビングウイルの意思確認を行っています。

リビングウイルはその前提として「精神が健全な時に表明されたもの」となっています。しかしこの「健全」とは実際、どんな状態のことなのか？ 平均年齢が75歳という日本尊厳死協会の会員の中には、すでに認知症が始まっている方や、始まりそうな方も大勢おられることは想像に難くありません。とすると「健全な」という建前は、少し変えないといけないのではないか？ すなわち、「健全か、健全でないか」ではなく、「十分に自己決定できるかどうか」あるいは「意思表示ができるかどうか」と読み替えた方が現実的ではないかと思い至りました。

では、リビングウイルの意思表示をしていた人が、自己決定できないほど認知症が進行してしまったのなら？ 自分がリビングウイルを持っていること自体を忘れてしまうこともままあります。実際、毎年の更新手続き（年会費を払うことで、意思確認とみなされます。ちなみに個人会員2000円）を忘れてしまい、認知症になった時の備えとして、せっかくリビングウイルを表明していたとしても、いざ本当にそうなった時には失効してしまっているという事例が増えてきているようです。そうならないためには、「リビングウイルをある時点から誰かに代理・管理してもらわないと意味がない」という指摘がなされるようになりました。また、いわゆる〝おひとりさま〟が急増している現代なので、代理人は家族に限定せずに、友人・知人でも構わないとし、また、複数の代理人を、優先順位をつけて想定したほうが現実的ではないか。

●認知症の終末期には、成年後見制度の活用を

2000年に、介護保険と同時に誕生した「成年後見制度」というものがあります。

成年後見制度とは、認知症や知的障害、精神障害などの理由で判断能力が不十分な人々の財産管理や、介護サービスの契約などを、本人の利益を最優先に考えながら、代理で行うための制度です。成年後見人は誰でもなれるわけではなく、本人のためにどのような保護と支援が必要なのかという事情を鑑みながら、家庭裁判所が選任します。つまり、家族や親族以外でも、法律や福祉の専門家などが選ばれることもあるのです。

この制度は、今後増え続ける認知症の人のために必要不可欠なものです。しかし現時点では、医療行為の代理承諾やリビングウイルの代理は後見内容に含まれていません。来るべき大認知症時代を想定した時、できればリビングウイルを代行してくれる代理人も定めておくべきではないか？　と私は考えます。そして、少しずつそういう方向に変わってきています。

つまりリビングウイルだけではなく、代理人をも指定しておく事前指示書という考え方です。あるいは、「代理人指名も併せてのリビングウイル」という考え方です。アジア圏で唯一、台湾では2000年に尊厳死が法制化されていますが（115ページ参照）、リビングウイルに代理人が3人、優先順位を定めて明示できる書式になっています。私は、日本も台湾の尊厳

死法に大いに見習うべきだと考えています。今後の重要課題です。

２０１３年11月に東京で開催された、第2回日本リビングウイル研究会では、「認知症とリビングウイル」をテーマに、専門医や弁護士や家族会の方などにより、様々な議論が交わされました。そして、「認知症になっても、重度でなければある程度までは自己決定は可能ではないか？」というのが、シンポジストの共通認識として確認できました。

ご承知のように、最近、認知症の方の人権に関しては大きな判断がありました。一つは、たとえ「後見」がついていても国政選挙に投票できることです。国民の代表を選ぶ選挙に自己決定できることが最高裁で確認されました。また、家庭裁判所における「後見」の申請には「申し立て人」が必要です。申し立て人は、後見人の認定に必要な諸費用を負担する人でもあります。その申し立て人に、後見がつくはずの「本人」がなれるという仕組みも、是非覚えておいてほしいと思います。

●家族がハッピー、でも本人はアンハッピーじゃダメなんだ…

認知症になって後見人がついても選挙で投票できるという時代に、認知症になったらリビングウイルが表明できないという考えは、もはや改める必要があるでしょう。あるいは、リビングウイルが文書で表明されていなくても、家族や周囲の人が本人のリビングウイルを尊重できる世の中であれば、それで問題ないはずです。本来はそうであってほしい。

しかし、昨今の親の年金目当ての胃ろうや、死んでも生きている150歳問題ではありませんが、本書の第5章でもお話しした通り、現実の切実さは我々の想像を超えています。家族はハッピー、しかし本人はアンハッピーという胃ろうが増えているのも事実です。あるいは、もしかしたら逆に、親に早く死んでもらいたいと企む家族をも想定しておかないといけないのかもしれません。

だからこそ、やはりリビングウイルが重要。自己決定が絶対で、すべてその通りにさせろ！とまでは言いませんが、リビングウイルがないと周囲や家族も、いざという時に判断できずに呆然としてしまう状況が現代医療の中では確実に生じているのです。

以上は、あくまで私見であり、(社)日本尊厳死協会の見解ではありません。認知症の方の終末期の意思決定に日々、接している町医者の戯言として読んでくだされば幸いです。

参考資料

「安寧緩和醫療條例」より抜粋（台湾の尊厳死法）

第一条　本条例は末期患者が治療を受ける意思を尊重し、その権利を保障するために策定する。

第二条　本条例の主管機関は中央において、厚生労働省であり、地方は県庁である。

第三条　用語定義
「安寧緩和醫療、末期患者、救命蘇生医療（心肺蘇生法）、生命維持療法、生命維持療法の選択、立願者（以下本人を訳す）」についての定義です。

第四条　末期患者は安寧緩和醫療もしく救命蘇生医療を選択するかの意思表明書を作成することができる。意思表明書をサインする際には完全な行為能力を持つ二人以上の立会人が必要である。但し、安寧緩和醫療もしくは救命蘇生医療を施す医療施設の人員は除外する。

第五条　20歳以上かつ完全な行為能力を持つ人は第四条の意思表明書を作成することができる。本人が意思を伝達出来ない場合、事前に委任する内容を記述し委任状を作成し、代理人を依頼することができる。

第六条　本人または代理人が随時意思表明書を撤回することができる。

一、　第四条または第五条に基づき本人または医療委任代理人が意思表明書に同意すれば、中央主管機関がその意思を国民健康保険書に記載すべきである。その有効性は意思表明書の原本と同等になる。但し、本人或いは医療委任代理人が前条に基づき撤回したら、中央主管機関に報告し、当記載事項を廃止になる。

第七条　救命蘇生医療を施さない対象は下記の規定に適用する者である。

一、　二名以上の医師によって末期患者と診断された者。

二、　本人の意思表明書を持つ者。但し、未成年者は法定代理人の同意が必要である。未成年者は意思表示できない場合は法定代理人のサインが必要である。上記第一項の医師は関連分野のある医師免許証を持っていなければならない。
末期患者は意識不明または意思を明確に表示できない場合、代わりに親族の同意書も認められる。親族者がいなければ、安寧緩和醫療従事者に照会後、末期患者にとって最高の利益を図り、医療指示書が意思表示を代行することができる。同意書または医療指示書は末期患者が意識不明或いは明確に意思表示できない前の意思に反する事ができない。
上記の親族の範囲は下記のものとする。
一、配偶者　二、成年の子どももしくは孫　三、両親　四、兄弟　五、祖父母
六、曾祖父母、曾孫または三等親以内の傍系親族　七、一等親の直系姻親
末期患者が上記の規定に適合し、心肺蘇生法或いは生命維持療法を実施しない場合は、元来実施している心肺蘇生法或いは生命維持療法を中止することができる。
親族の同意書は一人でも認められる。親族の間に意見が一致しない場合は上記に定められた親族の範囲によって優先順位を決定する。順位が後の者が同意書を提出しても、順位が前の者と異なる場合は心肺蘇生法或いは生命維持療法を実施せず、中止、撤回する。書面のものに準ずる。

第八条　医師が病状、安寧緩和醫療の治療方針及び生命維持療法の選択する可能性を末期患者或いは家族に告知しなければならない。また患者が病状、選択できる治療方法を知りたいと表示した時告知されなければならない。

第九条　医師が上記の第四条から前項までの内容を診療記録に記載すべきである。意思表示書または同意書を診療記録と一緒に保存すべきである。

第十条　医師が第七条に違反する者は台湾ドル6万円以上30万円以下罰金され、一か月以上一年以下停業処分または免許証を取り上げることになる。

第十一条　医師が第九条に違反するものは台湾ドル6万円以上30万円以下罰金される。

第十二条　本条例罰金、停業処分または免許証の取り上げは主管機関が執行する。

第十三条　削除（その内容は「本条例によって賞罰された罰金は期限内に納めなければ、裁判所による強制執行になる」という条例である）。

第十四条　本条例の細則は主管機関が作成する。

第十五条　本条例は公報日より実行する。

※本法律は、趙可式博士（台湾国立成功大学教授）の長年に及ぶたゆまぬ努力と活動が実を結び制定された。
※また、日本語翻訳はかつて彼女の下で仕事をしていた銭淑君（現千葉大学大学院看護学研究科准教授）による。

第6章

勘違いしたケアマネさんが、ボケを早めることもある!?

ショートステイって何？

長　まるちゃんは、眠る時間を削って往診や講演をしている僕のことを「問題行動」と笑うけど、実は人のこと、言えないんちゃうか？　だって、まるちゃんから送られてくるメールは、いつも明け方の3時とか4時。その分、朝寝坊してるのかと思いきや、そうじゃない。〈つどい場さくらちゃん〉に来る人たちのために、朝から食事の準備をしないといけないんやろ？　朝いちばんでたくさんおかずを作って、たくさん米炊いて。そのための買い物もあるだろうし。

丸　そのへんはおかげさまでひとりでやっているわけではない。心強いスタッフさんもいるからね。

長　だけどなんで、あんな明け方近くまでメールしてるの？

丸　いろいろな人から介護の相談が来ますからね。ひとつひとつに悩んでお返事をしたら、あれくらいの時間になるんよ。この前も、ある真面目なご夫婦から、認知症のお母さんの今後について、とてもせつない相談があったんよ。

長　そうだったのか。今や、西宮市の行政の人が、市役所に介護の相談に来た人にまるちゃんのことを紹介するくらいだから、相談する人も増えているんでしょうね。それをまるちゃんは、ほとんどボランティアでやっているんだから、頭が下がります。介護保険を使わないでやってるんだから。僕は医者だから、ちゃんと保険請求できるけど、まるちゃんはボランティア。

丸　介護保険を使わずにＮＰＯ法人として活動をしているから、私はこうして言いたいことが言える部分があるんや。

長　お金の絡みがない分、自由に発言ができるんや。

丸　そして、西宮市の職員の皆さんも、最近はとても問題意識をもって行動してくれています。この町で、今、何かが変わりつつある。西宮市と今はまじくっていると思うよ。それに、*市内につどい場も少しずつ、増えてきていますしね。

長　まるちゃんの活動を見て、「わたしもつどい場をやってみたい」という人も全国で増えているね。医療者にとっても、これは心強いし、歓迎すべき時代の流れです。皆さん、儲けなんて全然考えていないところがすごいね。でも、本当に大丈夫？

丸　私もそうやったけど、**今、「つどい場をやりたい」という人のほとんどが、ご自身の介護の経験を得て、その悔いや、怒りや悲しみが発端になっているんです。自分の過去の経験から仕事を選んだ人は、腹が据《す》わっていると思うんです。**長尾ちゃんだって、そもそもはお父さんが自死されたことから医療の道を選んだわけでしょ。

●市内につどい場も少しずつ〜
全国の先駆けとなった〈つどい場〉をまるちゃんが西宮市で作ったため、西宮市では多くの〈つどい場〉が生まれている。自宅を開放したり、空き家を利用したりし、高齢者だけではなく、障害者や子ども達がまじくる場もできている。

長　それはあるかもしれないね。でも、西宮市といい関係が取れるようになったのは、まるちゃんが怖いからや（笑）。この人を怒らせたらエライことになる〜って、西宮市職員も戦々恐々や。いやいやそれは冗談。たったひとりの人間の熱意で、行政が変わることはいくらでもありますね。「この町、おかしい！」と思ったら、まずは自分で行動を起こす意味はあると思います。当たって砕《くだ》けろ、や。それを体現しているのがまるちゃんだから。

丸　こらこら、まだ私は砕けておりません。そう簡単には砕けるもんですか。

長　それで、その真面目なご夫婦からきた相談というのは、どんな内容だったんですか？

丸　ボケてきたお母さんの介護を、そのお嫁さんが主体となってしていたんだけど、一昨年、そのお嫁さんが病気になってしまった。しばらくのあいだ入院生活を送ることになり、残された夫だけでは、今までのように

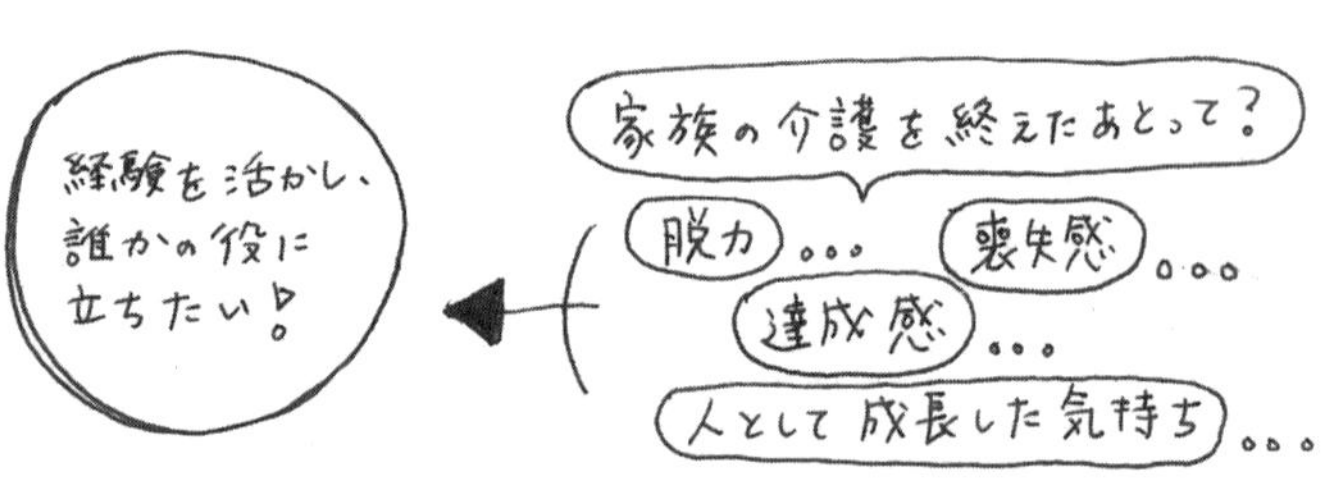
家族の介護を終えたあとって？
脱力…
喪失感…
達成感…
人として成長した気持ち…
経験を活かし、誰かの役に立ちたい！

長　お母さんの世話はできない——これからしばらくの間、どうすればいいですか？　という相談でした。そのご夫婦のお話からすると、お母さんはそれほど認知症は進んでいない、ごく初期の段階だと判断しました。日に日にもの忘れが出てきたけれど、毎日とても機嫌よく過ごしている。暴れることもない。寝たきりでもない。まだ十分、自宅で過ごせる状態です。陽の当たった縁側の似合う「おっとりボケばあちゃん」ってところです。

長　それなら、まずは要介護認定*を受けて、受けられるサービスを受けながら様子を見ましょう、というところかな。

丸　そうでしょう？　普通はそう思う。介護認定の結果で、使えるサービスを利用して、ショートステイ*のサービスを使ったら、と言ったんです。

長　「**ショートステイ**」というのは、日本語で言うと、「**短期入所生活介護**」のこと。このご夫婦のように、介護している家族が病気になったり、用

● **要介護認定**
介護保険サービスを受けるために必要な手続き。市区町村の窓口に申請し、認定調査を受ける。要支援1から要介護5までの7段階のいずれかに認定されるか、非該当となる。この認定調査で、家族がきちんと介護の苦労や、してほしいことを具体的に説明できるかが、とても大切。

● **ショートステイ**
在宅の高齢者が一時的に介護老人福祉施設などに入り、食事や入浴などのサービスを受けること。

事ができた時に、短期間でじいちゃん、ばあちゃんを預かってくれる施設のことです。一口に「ショートステイ」と言っても、今は多様化してきているけれども。介護保険が使えるから自己負担は1割。あとは別途、生活雑費や食費などを請求されるから、1日2千円前後くらいの負担になるかな。利用は原則、連続30日までだよね。

丸　在宅介護をしようと思うなら、近くにあるショートステイ施設は、味方につけとかないといけない。たとえ家族に用事がなくとも、介護中に疲れが溜まることもあるでしょう。身体がしんどいという時に、数日預かってもらうことでまた前向きに介護ができることだってあるから。

長　ただ、今すぐショートステイを利用したいけれど、中には予約が殺到していて1ヶ月から2ヶ月待ちというところもあるらしいね。

丸　それじゃ意味ないのよ。さっきも言ったように、家族の事情をすぐに汲《く》んで、助けてほしい時にさっと手を差し伸べてくれる存在じゃないと。

予定より早めに「特養」からお呼びがかかってラッキー!? ラーメン屋か!

長　それで、そのまるちゃんのところに相談にきたご夫婦は、おっとりボケはったばあちゃんのために、ショートステイを利用されたんですか?

丸　そこよ! そこ、私が怒っているのは! もう腹が立ってしょうがない。

長　なんや、まるちゃん。いきなり怒り出して。

丸　そのご家族を担当していた、**ケアマネジャー***さん(介護支援専門員のこと。以下、ケアマネさん)がこう言った。「これからも、家族に何が起こるかわからないから、とりあえず**特別養護老人ホーム**(以下、特養)に申し込みなさい」と。

●**ケアマネジャー**
介護が必要な人や家族の要望を聞き、適切な介護サービスを受けられるよう利用計画(ケアプラン)を作成する専門職。要介護の在宅ケアを受けたい場合、各市町村の介護保険課の窓口に相談し、ケアマネジャーが所属する居宅介護支援事業所を紹介してもらうのが通常の流れ。

長　**特別養護老人ホームというのは、有料老人ホームと違って、介護保険を利用できる公的な老人ホームだよね。**入所するには、それなりの条件が必要になってくる。65歳以上で要介護認定を受けていて、尚かつ、「常に介護が必要な状態で、自宅での介護が困難な方。寝たきりや認知症などが比較的重度であり、緊急性の高い人の入所が優先される」という前提があります。

丸　地域によって待機期間に差はあるけれど、全国で見ると特養の入所待機者*は40万人というデータも出ている。えらい数字や。

長　2013年9月には、厚労省が「**2015年度からは要介護2以下の人は、新たな特養の入所を認めない***」と改革案を発表しました。超高齢化社会に向かって、入所要件はどんどん厳しくなっています。特養などの介護保険施設では、ひとりあたりの給付費が月30万円近く。これは、在宅でサービスを受ける場合の約3倍になります。我が国の介護給付費の総額は、特養だけで月に1200億円。介護保険施設全体では、月に

●**特養の入所待機者**
平成21年厚労省集計によると、42・1万人。厚労省は受け皿となる施設を増やしてはいるが、現実はなかなか追いつかない。しかし、2013年5月1日の東京新聞の記事によると、この内、「現在の生活が困難であり、すぐにも入所が必要」と考えているのは、11・3%という調査もある。

●**要介護2以下の人は新たな特養の入所を認めない**
2015年4月から介護保険の変更により、特養の入所基準が要介護3以上に限定される。

2300億円を超えると言われている。

丸 でも、本当に特養の入所が必要な人は、実は1割強、という見方もあるよ。前章までお話ししてきたように、本当は十分家で過ごせるのに、勢いで特養に入れてしまったという家族もたくさんいる。

長 そのおっとりばあちゃんのご家族には、本当に特養に入れる気持ちはあったんですか？

丸 ないですよ。特養の「と」の字も考えていない。だから私は怒ってるんよ！　親を施設に入れることをまったく考えていない息子夫婦に向かって、その担当ケアマネさんが、いろいろパンフレットを持ってきてこう説明したんです。

「**特養に申し込んでも、どうせ今すぐには入れない。たしかに今すぐは、お母さんに特養は必要ない。だけど、何せ数百人待ちですよ。今申し込んでおいて損はないから、申し込んでおきなさい**」ってね。

長　そんなふうに言われたら、ご家族は申し込むよね。行列ができていると　ころには、自分も並んでおかないとなんとなく損をすると思うのは、人間の本能だからねえ。

丸　そうでしょう？　そのご夫婦も素直にケアマネさんの言うことに従ったんです。それでこの前、昨年申し込んでいた特養から連絡があったそうです。「お母さんの順番が回ってきましたよ。今なら入れます」って。

長　そりゃあ、ご家族は戸惑《とまど》ったでしょう。入所させる気はないんだから。

丸　それなのに、そのケアマネさんがまたしゃしゃり出た。「良かったですね！　順番が回ってきたんですって。こんなに早く順番が回ってくるなんて、お母さんはラッキーですね！」と、入所を促《うなが》したんです。

長　は？　お母さんはラッキー？

丸 もっと待たなければいけないところを、早めにお呼びがかかったんだからラッキーやなって発想なんです。普段なら2時間も待たなければ食べられない、行列のできるラーメン屋さんに30分で入れたんだからラッキー！ くらいにしかそのケアマネさんは思ってないねん。「決断して、入所しないと次はもうない。最後のチャンスだから、入っとけ。このチャンスを逃したらあきまへん」と、そのケアマネは、状況がよく把握できていないご夫婦に勧めるわけです。

長 なるほど。それで、まるちゃんのところにその真面目なご夫婦が、「私たちはどうすればいいですか？」と相談に来たということか。僕は在宅医として、ひとつだけ言っておかないといけません。**ケアマネさんは本来、ご家族の療養方針を強引に変える権限など持っていないはずです。***

丸 だから頭にきているの。最近、やらなくてもいいことばかりやって、やるべきことをやらないケアマネさんが多すぎる！ **この本のタイトルは「介護施設を間違えたらもっとボケるで！」やけど、その前に「変なケ**

●**ケアマネさんは本来、ご家族の療養方針を変える権限など〜**
ケアマネは介護が必要な方や家族がよりよく生活できるようにサポートする立場であって、家族の意に沿わない介護方針に変更する権限はない。

アマネさんの言いなりになると、もっとボケるで！」と私は言いたいんよ!!

長　一理ありますね。せっかく在宅で介護をしようと思っているのに、ケアマネさん次第でそうはならなくなっていく現実を知っておいたほうがいいです。介護認定を受けたら、やはり在宅でも介護の要《かなめ》はケアマネ。介護保険制度がそういう決まりやから、どんなご家族も免《まぬが》れられない。

丸　でも、さっき長尾ちゃんが言われたように、これは、越権行為もいいところ。よくわからない家族相手に何を上から言っているのか？　と。おっとりばあちゃんは、一日でも長く住み慣れた我が家で過ごしたい。息子さん夫婦だって、ショートステイの力を借りて、できるかぎり家で介護をしていきたいと思っている。そこにどうして、「特養に入ったほうがいい」という発言が他人の口から出てくるの？　そのお嫁さんは困り果てて、泣きながら私にこう相談をしてきました。「**そりゃ、嫁姑の関係だから今までいろいろあった。だけど、いくらケアマネさんに特養**

を勧められても、私はやっぱりお姑さんを家で看取ってあげたい。私は間違っているでしょうか」と。

長　僕のような在宅医と訪問看護師がいれば応援できるんやけどな。最後は家で看取りたいと家族が腹を決めているならば、なんら問題はない。そんなにできたお嫁さんに、まるちゃんはなんて答えたの？

丸　答えはただひとつ。「**特養には入れたらあかん。とりあえず、ケアマネをチェンジしてみよう**」と言いました。

長　正論や！

丸　そうしたらな、そのお嫁さん、「そんなこと、初めて言われました」と泣きはるの。周りの人10人くらいに相談したけど、皆が皆、口を揃えて、「ラッキーだから特養に入れなさい」ってアドバイスをされたとこやと。「まずはケアマネをチェンジしろ、と言ってくれたのはまるちゃんだけです」って。

長　危なかったな。今は家でニコニコ過ごせているのに、ヘンな施設に入ったら、短期間で表情を失ってボケボケになるとこやった。

ケアマネさんは、いつからセールスレディになったのか？

丸　介護業界全体が、何か勘違いをしていると思わない？　そして、ケアマネ主導で介護はすべて解決していく、と家族も思っている。**何も私は、特養の存在を否定しているわけではないんです。おばあちゃんが入りたい、と思うなら、入ればよろしい。だけど、今この状態で特養に入れたら、絶対にお嫁さんに後悔が残ります。**「私がちょっと入院したばかりにこんなことになった」と、悔《く》やんでも悔やみきれない。おばあちゃんが特養であっという間にボケてしまったら、尚のこと。だけど、その特養を勧めた張本人のケアマネさんは、何の罪の意識ももたないでしょうね。「私、良いことしてあげたわ！」と思って終わり。この温度差が問題なんよ。

長　僕から言わせたら、**ケアマネさん個人の資質というよりも、今の介護保険制度が問題だらけなんやと思います。だから、勘違いしたケアマネさんが今日も量産されていく。**

丸　たしかにそうやな。最初は、誰もがいろいろな想いがあって、ケアマネという職業を志望して、難しい試験を受けて、プロ意識みたいなものはもっていたはず。

長　そうです。2012年度は、ケアマネの資格試験合格率[*]はたった19パーセント。医師国家試験の合格率なんて、毎年9割近いのに。

丸　今の介護問題に対する怒りや悲しみがあった人たちがプロになって、介護保険事業という渦の中に取り込まれていくうちに、いつしかケアマネ

●**ケアマネの資格試験合格率**
試験開始の1998年の合格率は約44パーセントだが、年々合格率が下がっている。

ジメントの本質を見失っていくんですよ。

長 つまり、現在は多くのケアマネさんが、介護事業所*に所属している一営業マン、セールスレディなわけです。株式会社が経営する事業所に属していれば、当然営利目的だから、お金儲けをしなければならないから、より介護保険を利用できる、つまり、より高いお金を貰えるところへとお年寄りを誘導していく、という流れが起きてしまっているんです。嘆《なげ》かわしい話ですが。

丸 だから、本来やるべき仕事を見失う。介護者は、ケアマネさんの情報等は、まず市役所や地域包括センターなど行政の人から集めるわけだけど、行政の人は立場上、「あそこの事業所のケアマネが良い、悪い」なんて話はできないわけです。

長 それは、在宅医の問題も同じ。公立病院の地域連携室や、行政の人に訊いたって、「あの在宅医は悪い医者です」なんて絶対に言わないです。

●介護事業所
介護保険法では、現在、以下の7種類に分けられて、さらにそれぞれが細かく分類されている。指定居宅サービス事業者、指定地域密着型サービス事業者、指定居宅介護支援事業者、介護保険施設、指定介護予防サービス事業者、指定地域密着型介護予防サービス事業者、指定介護予防支援事業者。

じゃあまるちゃん、逆に訊くけど、どんなケアマネさんならOKですか？

丸 まずは、どんな家族の悩みにも、即答しない人かな。**何か問題が起きた時、家族と一緒に悩んでくれるケアマネさんは、心あるケアマネさん**や、と言えるかもしれへんね。介護の悩みも状況も、家族によって十人十色なのは当たり前。それを、どんな悩みにも、「ああそれならば、これをしなさい」と即答するってことは、事業所のマニュアル通りにセールスレディと化した、ということ。本当に自分たちのことを思って仕事をしてくれているのか、疑ったほうがいいね。

長 なるほど。もしもそれで、これはケアマネさんじゃない、バリバリのセールスレディだ、と思ったらどうすればいいの？

丸 **チェンジよ、チェンジしかない！　ケアマネさんをチェンジすることを申し訳ないなんて思っていたら、良い介護はできません。もちろん、相**

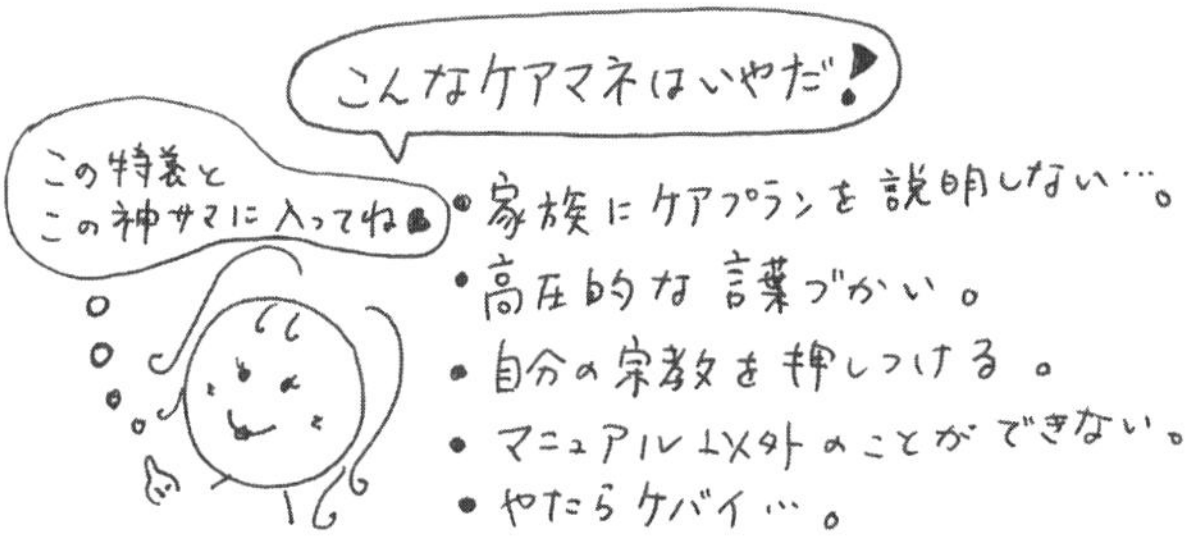
こんなケアマネはいやだ！
この特徴と
この神サマに入ってね
・家族にケアプランを説明しない…。
・高圧的な言葉づかい。
・自分の宗教を押しつける。
・マニュアル以外のことができない。
・やたらケバイ…。

性だって大事よ。「ダメだこりゃ」と思ったら、すぐに変えてもらえばいい。ほら、長尾ちゃんだって飲み屋でホステスさんをチェンジすること、あるんやろ？　この子は年増や、タイプやないと思ったら、「チェンジ」って言うんやろ？

長　あのな、まるちゃん……冗談でもそんなん言うのやめて。真に受ける人も世の中にはおるからな。よし、次章はケアマネさんに求められるものについてもっと掘り下げていきましょう。

丸　ケアマネさんは経験値の高い年増のほうがええんよ、長尾ちゃん。

困った症状への対応③

ないものが見えるという

※レビー小体型認知症の症状です。

◎

否定せず、話を合わせて**安心させる**

×

レビー小体型認知症の初期〜中期、実際にはないものが見えたり聞こえたりする「**幻覚**」がある

第7章

ケアマネさんを一旦疑ってこそ、信頼が築ける。それが人間やん

ケアマネさんだってつらいよ

丸　前章で、ケアマネさんはいつからセールスレディになったのか？　という問題を話したけど、ケアマネさんが独立してやっていこうと思ったら、ちょっと難しい。それでなくとも、給料が安すぎるのがこの世界です。**女性のケアマネさんの平均年齢は今、48歳くらい。それでいて、平均年収は350万円程度。事業所に属していたとてこの金額。**

長　ケアマネジャー制度ができた時は、看護職からもケアマネ資格を取った人が結構いた。でも10人いたらそのうち9人が、看護職に戻ってきたんです。そりゃ、看護師のほうが、絶対的に給料がいいからね。

丸　だから今は、ホームヘルパーさんがケアマネ試験を受けています。ホームヘルパーさんの上がり職*として、ケアマネさんという資格がある。ケ

●**上がり職**
ケアマネジャー試験を受験する条件として「医療・福祉での実務経験が5年以上かつ900日の従事日数がある人」があるため、ホームヘルパーとしての経験を活かし、「上がれる」。

アマネさんの受験資格として、ホームヘルパー2級*を取得しているかどうか、というものがある。だから、前章でお話ししたように勘違いするケアマネさんが出てきているんよ。介護方針を家族に代わって決めようとする。

長　**変な身分制が介護現場に作られてしまったんやね。ホームヘルパーさん＜ケアマネさん＜看護師という力関係。**そういう空気、苦手やなあ、僕。しかも、今のケアマネさんは、ほとんどが医療系の事業所からではなく、介護系の事業所から派遣されてきているから、意見がぶつかるのも当然かもしれないね。

嬉しかった3年目のバレンタインチョコ

丸　だからやっぱり、家族の力が必要になる。ケアマネさんの意見、訪問看護師さんの意見を聞いて、**どう介護方針を選択するのかは家族にかかっ**

●**ホームヘルパー2級～**
詳しくは36ページ参照。

ているんです。「疑う力」が必要なんです。一回、疑ってかかる。その先に信頼関係が出てくるんじゃないかな。盲目的に信じると、仕事だって恋愛だってロクなことない。「恋は盲目」って邪魔やん。

長　まるちゃんから恋愛論が聞けるとは思わなかったな。

丸　いや、一般論やって。だからね、いろんな目線、いろんな力をもっていないといけないんですよ、介護者というのは。ただ疑うだけでも孤独になってしまうしね。疑うことと信じることのバランスが必要。そして、疑う力を正しいほうに導けるかどうかは、家族の力にかかってるんよね。

長　**家族の力、医療も介護も根本はそこです。医者だって、一回たった数分の診察で、正確にその患者さんに必要なお薬の量を一発で探し当てようというのは無理な話なんです。特に認知症の方の場合、やっぱり本人とご家族の話こそ重要なんです。**

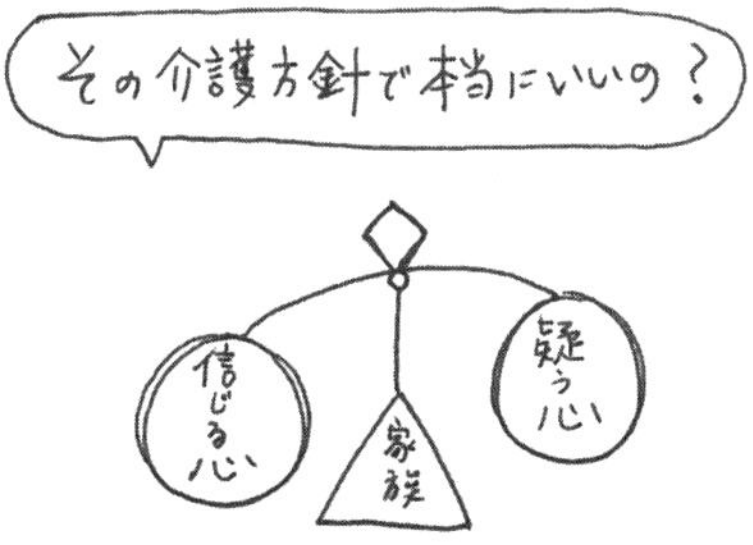

丸　そう、家族が複数いたならば、「あのケアマネさん、今日はこう言っていたけど、どう思う?」とまずは家族で話し合ってみる。それだけで家族力はついてくる。特に疑う心と信じる心のふたつが必要なのは、最初の3年間。

長　「3」という数字はなぜかキーワードですよね。認知症の在宅医療は、最初の3ヶ月が大切。3ヶ月過ぎると、あとはスムーズにいく。そして介護は、最初の3年間。ここを突破すると、最期まで穏やかに看取れる家族が増えてきます。

丸　私も〈つどい場さくらちゃん〉をやっていて、いろんなタイプの介護者を見てきたよ。**たしかに、どんな介護者さんも最初の3年は無我夢中です。ボケてきた本人も、まだ受容のできない混乱期にいるし、介護者だってどう接すればいいのかが確立できない期間の目安が3年なんです。**3年を経過すると、そこに人生の楽しみ、家族の必要性、自分が介護をしている意味……いろいろ悟《さと》ることができる。これは、私の主観で

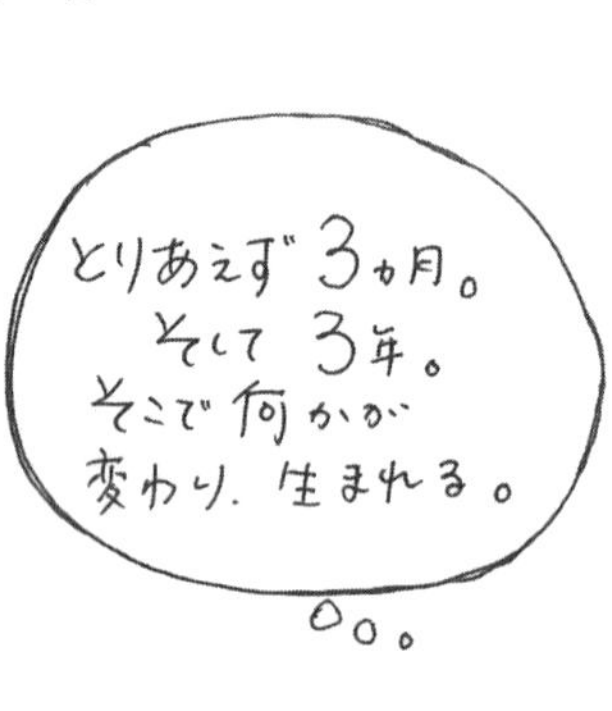
とりあえず3ヵ月。
そして3年。
そこで何かが
変わり、生まれる。

はなく、〈つどい場さくらちゃん〉に来ている介護者さんたちが、私に教えてくれたことよ。

長　その大切な3年間に、勘違いしたケアマネさんが介入したら、良い介護も、家族の絆も、何もなくなってしまいますね。一昨年の2月、認知症の夫の在宅医療にかかわって3年目の奥さんから、バレンタインチョコをもらったんです。3年目にして、初めてもらった、ごめんなさいチョコ。そのメッセージカードにはこう書いてありました。「**介護を楽しんでください、と最初に長尾先生に言われた時は、すごく腹が立ちました。でも、3年目にようやくわかりました。在宅介護にして本当に良かったです。あの時は長尾先生に腹を立ててごめんなさい**」と。

丸　それは嬉しい愛の告白やなあ。3年経てば、本気で泣けて、本気で笑える。それが生きているという意味だと私は思います。

長　僕が開業医を始めた時もそうでした。最初の3年くらいは暇で暇で「もうやめようかな。明日こそやめよう」と思って過ごしました。それが4年目、5年目からだんだん忙しく、楽しくなってきた。ことわざにある通り3年間我慢すれば、その後の喜びはその2倍にも3倍にもなるんです。

丸 ケアマネさんはまず、「**完全に受容するまでに、3年かかりますよ。だから、長いスパンで支えていきましょうね、来月のことではなく、来年のこと、そして3年後を一緒に考えていきましょう**」って家族にアドバイスしてほしいんです。無理に「特養に申し込みなさい」なんていう勧誘も減っていくと思うんやけど。

長 医療も介護も、一朝《いっちょう》一夕《いっせき》では解決できない問題が山積やね。**末期がん*の在宅療養が短距離走だとしたら、認知症の在宅療養は、フルマラソンです。**

●末期がんの在宅療養が短距離走〜
末期がん患者の在宅ケア開始から亡くなるまでの期間は平均約60日。一方、認知症は診断されてからの平均生存年数は約5年8ヶ月といわれている。

こんなケアマネには気をつけろ！

長 前章で、「家族と一緒に悩まずに、何でも即答するケアマネさんは心がないから要注意」とおっしゃってたよね。もっと具体的に、こんなケアマネさんには気をつけたほうがいい、というのは何かありますか。

丸 **こんなケアマネには気をつけろ！**
その1●情報をもたなさすぎるケアマネさん。なんでも即答するケアマネさんもダメだけど、何を聞いても「さあ、知りません、わかりません」という人は、利用者が何を求めているのかも考えないんです。

長 いきなり本質を突いたねえ。

丸 それには、介護現場のマニュアル化も問題。どんなケアマネさんが来ても、同じケアができるなんて幻想でしょ？　相手はそれぞれ違うのよ。マニュアルを見て本人を見ないなんて、本末転倒《ほんまつてんとう》やん。

長　そういう意見を聞くと、つくづく医療現場と同じ状況が介護でも起きているんやなあ、と感じます。

丸　**センター方式***という言葉があるんだけど、実際そんなケアができているケアマネさんは少ないね。

長　**つまり、認知症になった人を中心（センター）に置いて、家族や介護関係者、医療関係者がチームになって囲みましょう、という考え方だよね。**

丸　そうです。でも、当たり前のことばかりだと思わへん？　わざわざ厚労省が大上段に謳うほどの話かと。

長　当たり前のことをとってつけたようにスローガンにするのが、お役所の

●**センター方式**
厚労省が発信した、認知症の人のためのケアマネジメントセンター方式のこと。「その人らしいあり方」「その人にとっての安心・快」「暮らしの中での心身の力の発揮」「その人にとっての安全・健やかさ」「なじみの暮らしの継続」の5つの視点でケアを考えようと謳っている。

仕事じゃないですか。

丸 でも、こんなスローガン覚えても儲けにならないと考えるケアマネさんも多い。売り上げとは無関係なものは切り捨てる。だから、**介護系ではなく医療法人系のケアマネさんを探して利用するという手もあります。**

長 たしかにそうです。手前味噌やけど、ウチのクリニック関連のケアマネさんは優秀な人ばかりです。何のためにケアマネが必要なのか？をちゃんと考えている。訪問看護の重要性を知っています。ケアマネさんと訪問看護師さんの連携で在宅ケアの質は決まる。だから、医療系ケアマネのほうが連携が取りやすい場合が多いと感じるね。

丸 **こんなケアマネには気をつけろ！**
その2●ケア会議*に、在宅医や訪問看護師を呼ばないケアマネさん。

長 これは、ルール違反もいいところ。最初から医療者を敵対視しているケ

●**ケア会議**
ケアプランを作る会議。在宅医療の場合は通常、本人、家族、ケアマネジャー、在宅医、訪問看護師などが参加する。

アマネさんがおるんですよ。自分たちの取り分を医療者に持っていかれる、と思っているんだね。たとえば、要介護5の人だったら、月35万円が保険で下りる。それを訪問看護なんかに回したら損だと思っているんです。経営している企業の体質も大きい。発想が我々とかなり違う。

丸　**こんなケアマネには気をつけろ！**
その3●「あの在宅医は変えた方がいいよ」と家族に提案するケアマネさん。

長　あははは。たしかにそうや。最近は、独居のおじいちゃんのところに、色仕掛けで取り入るケアマネさんもおるからなあ。ケアマネさんからこんなメールが来たよって、嬉しそうにおじいちゃんから携帯を見せてもらったことがあります。「長尾先生じゃなくて、もっと違うお医者さんを探しましょうね♥♥♥」というメール。よくわからないけど、知らない間になんか恨みを買ったのかな。

丸 気色悪いな（笑）。犯罪すれすれや。

長 逆に、心あるケアマネに求められるものって何だろうか。

丸 それならすぐに答えられる。

その1●誠実さ。家族・本人と信頼関係がもてる人柄であること。

その2●近隣の介護施設や事業所のサービス内容、評判、リアルタイムで何が起きているかの情報を把握し、客観的に吟味《ぎんみ》できていること。さらに言えば、福祉用具*のレンタル事業所や、その中身の情報ももっていてほしい。

その3●どうすれば「在宅介護」を続けられるかの情報を正確に提供できること。薬漬けにしない在宅医療を支えてくれる医者・訪問看護師の情報をもっていること。

長 だからこそ、まるちゃんの言う「まじくる」ことが大切になる。**いろんな分野の人と、まじくるということは、単に癒しになるだけでなく、た**

●福祉用具のレンタル
指定を受けた事業所から、適切な用具選びの援助や取り付けをしてもらい、貸与を受ける。車いすやケアベッドなどは介護保険適用となる。

くさんの情報を得られるっていうことです。医療にしても、介護にしてもネット上の情報は玉石混交《ぎょくせきこんこう》です。過信すると、ろくなことがないです。やっぱりその地域ごとの生の声が必要です。

丸　「長尾和宏」と検索しても、その人柄がわからないのと一緒よ。

長　だけど僕の個人ブログには、有用な医療情報をいっぱい書いていますよ。毎日、頑張って書いています。誰が読んでも損はない。

丸　私は、長尾ちゃんの生存確認のために個人ブログを読んでるよ。更新されれば、今日もコイツ、しぶとく生きとるかって安心する。

長　ブログが2日以上更新されなかったら生存確認の電話をください。往診の帰りに野垂れ死んでるかもしれへんから。その時はちゃんと警察に届けてや。いや、届けたらややこしいだけやから、コッソリ焼いといて。

困った症状への対応④

何がしたいか聞いてあげて
共感したり気をまぎらわせて。
「そろそろ帰ろうか」

本人の中では何か**目的がある**

第8章

ちょっと待って！
その施設選びが命取り

入所案内の通知——僕がそれを「赤紙」と呼ぶ理由

長 先ほど、お母さんの在宅介護をめぐって、特別養護老人ホーム（特養）にむやみに入所を勧めさせるケアマネさんと、入所は本意ではなく、この先どうすればいいのかと戸惑う家族との温度差についてお話をしました。**人間は行列があると並びたくなり、早めに入れると知れば、ついそれを望んでしまいがち。**

しかし「特養」は行列のできるラーメン屋とは違います。それでも、「特養」に入所できるのは「ラッキーな事態」と思ってしまう背景には、6章でもお話しした2009年に厚労省が発表した、「特養」*の入所待ちが42万人という驚くべき数字があると思う。この数字がどこまで介護家族の本音を物語っているのかは、甚《はなは》だ疑問ではあるけれども。

丸 介護の問題は数字では語れないし、語ってはいけない。ひとりひとり状

● **「特養」の入所待ちが42万人〜**
124ページ参照。

況が違うわけ。また、刻一刻とその状況は変わるでしょう？ 先ほどの家族の例のように、ケアマネさんに勧められて「とりあえず」という方もたくさんいるし、複数の施設に申し込んでいる人もいます。「特養」をはじめ、「老健*」（介護老人保健施設）、「グループホーム*」（認知症対応型共同生活介護）、「小規模多機能型居宅介護*」、「サ高住*」（サービス付き高齢者向け住宅）など、介護施設が全国的に見て圧倒的に足りていないという現実は、事実ではある一面、お役人がはじき出した数字をただ鵜《う》呑《の》みにしてはいけないと思う。行列ができているんなら、さっさと入れなくちゃ、という発想になる人がどうしてもおる。

長 一度「特養」から入所可の通知が来たとして、それを断ったら、また最後尾に並ばないといけないのかな？

丸 そのあたりのルールは、地域によってだいぶ違うと思います。もちろん、ご家族の状況だって変わる。介護者が急病になったりして介護ができなくなった時、どれくらいその「緊急性」に臨機応変《りんきおうへん》に対応できるか

●老健
60ページ参照。

●グループホーム
住宅地の中に設置することで、地域社会や家族との交流を断絶させずに、利用者たちができることは自分でしながら（料理や家事など）、共同生活を行うことが前提。5～9人が1ユニットで、2ユニットまで運営が許されている。要支援2以上の人が利用できる。医療への対応や、認知症が進んだ時にどこまで受け入れてくれるかは、事業者によって様々。入居一時金や月額利用料も実に様々。

●小規模多機能型居宅介護
認知症になっても住み慣れた地域で暮らせるよう支援する地域密着型サービスのひとつ。ひとつの事業所でデイサービス、ホームヘルプ、ショートステイが利用できる。一日に利用できる定員は、通所が15人以

が、これから先、行政に求められる。

長 僕はね、こんなこと言ったら怒られるかもしれへんけど、この、「特養」からの「入所できます」という通知のことを、ひそかに「**赤紙**《あかがみ》」と呼んでいるんです。

丸 たしかにその通りや！ **どっちも一度行ったらほぼ家には戻って来られない、というお知らせやからね。しかし、本当の兵隊さんの赤紙はただ受身でしかなかったけれども、「特養」の赤紙は、家族が申し込んでいるわけよ。**

長 「特養」の赤紙は、ヘタすると申し込んでから3年、5年と月日が流れてから届くこともあるわけでしょう。申し込んだこと自体をもう覚えていない家族さえいます。そういう家族は、「赤紙」が届いた時に、なんやこれ!? と狼狽《ろうばい》したり、大騒ぎになるんです。

下、泊まりが9人以下と定められており、より家庭的な環境の中で日常生活を送れることを目指す。利用者負担は、介護認定によって変わってくるが、定額制なのも魅力。しかし、ここを利用すると、今までお願いしていたケアマネさんと関係が切れる、訪問介護などのサービスを受けられなくなるという不便さもあり、現在、この施設数は減ってきている。

●サ高住
高齢者住まい法（２０１１年10月改正）によって定められた、バリアフリーで高齢者に配慮した構造の住宅。基本は個室。ケアの専門家による安否確認サービスと生活相談サービスが提供される。施設に入所したくても健康状態が良すぎてできないという、比較的元気な高齢者が対象なため、介護保険を使えるサービスは部分的。入居一時金や、居住費、管理費、食費は利用者の全額負担となる。一見、終《つい》の棲家《すみか》として

丸　**申し込んだ時点で、何百人待ちですよ、なんて言われると、永遠にそんな案内は来ないと思っても仕方がないな。**でもね、早い人は数ヶ月で来るし、逆に、10年近く案内が来ない人もいるし。地域によって本当にまちまちよ、こればかりは。

長　先日もね、僕が在宅で10年も診ているご家族がいて、「赤紙」が届いたんです。「特養」に申し込んでから、10年目にして。

丸　その方の家族構成は?

長　娘ひとり、お母さんひとりのシングル女性の介護です。お母さんは90歳近く。娘さんは、60歳近いんだけど、昼間はお母さんをデイサービスに預けて仕事をされています。お母さんがデイサービスから帰宅するのに合わせて、彼女も仕事から帰ってきて、夕飯を一緒に食べて、一緒に寝ています。お母さんの認知症は緩《ゆる》やかに進行しているけれど、よく笑うし、よく食べるし、少しお喋りもできて、機嫌よく暮らしている。比較

の理想形のような雰囲気もあるが、こちらも事業者によってサービスの内容は様々で、認知症が進んだり、医療措置が必要になった場合は、退去させられることもある。

的穏やかな状態です。在宅介護でまったく問題がないご家庭。

丸　つまり、お母ちゃんの介護が始まってすぐにとりあえず「特養」に申し込んだけれども、それから10年経って、生活のリズムも介護体制も整って、穏やかに在宅で過ごしているということなんやね。

せっかく在宅介護がうまくいっていたのに……在宅医はそれを止められない

長　そうです。僕たち在宅医療チームも、もう10年診ているんですけど、今のところ大きな問題はなさそうだし、娘さんも、「**長尾先生、絶対に母を自宅で看取りたいので、最期はお願いします**」と何度も仰っていたんです。でもそこに、とっくに忘れていた「赤紙」が届いた。

丸　当然、断りはったんやろ？

長　いや、それが……入所できるよと言われた施設が、良い施設としてメディアでも評判の「特養」だったこともあって、娘さんは僕にこう言われました。
「長尾先生、お母さんを特養に入れる気持ちはなかったんですが、せっかく10年も待って、こんなに評判の良い特養が当たったんなら、断るのはもったいないですよね？」と。

丸　**評判が高かったり、名前が通っていたりすると、良いサービスが受けられると勘違いしてしまう。そんなこと、絶対にありえない！**

長　そうなんよ。僕、どないしようと思って……。医者はね、家族の希望をまず最優先にしないといけないんです。「○○しなさい」とか、「○○を選びなさい」とは、言ってはいけない。医療パターナリズム*はよくない。患者さんご本人、その方の意思が明確でなければ、そのご家族の意向に従うのが医療者の務め。まあ、あらゆる医療行為がそうですが。

●医療パターナリズム
医療側と患者側の支配関係を表す言葉。一昔前までは、医師の言うことが「絶対」であり、患者はすべてを医師に委ねていればいい、という関係性であった。しかし、現代においては、患者の権利が優先であり、こうした関係性は悪しきものとされている……とは言うものの、「私のやり方に逆らうな！」と言う医師もまだたくさん存在する。介護パターナリズムもしかり。

丸　悩める家族に**平気な顔して、「〇〇しなさい」と安易に断定的にものを言うのは、何も考えていないケアマネさんと、遠い親戚だけ**ってこと。

長　だから僕は、ギリギリのところでこう言った。「世間でどんなに良いとされる施設だって、それがお母さんに合わない介護だったらお母さんの認知症が進むし、ヘタするとあっという間に完全寝たきりになるリスクがあるかも」と。しかし、悩んだ挙句、娘さんはお母さんを「特養」に入れてしまったんです。

丸　それを咎《とが》めることは誰もできない。彼女だって、悩みに悩んで出した結論だったろうし。

長　この話には、まだ続きがあるんです。実は、たった2週間でその娘さんは、お母さんを特養から自宅に強引に連れ戻したんです。「長尾先生、あそこの介護は、私が考えていたものとまったく違いました。がっかりです」と。

丸　具体的には、何が違ったということ？

長　ほったらかされて、えらい目に遭ってると言うんです。施設はきれいで高級ホテルみたいに立派だけど、介護職員が誰も話しかけてくれず、一日中、ただただひとりでボーっと座っている。入所からわずか数日で、眼に力がなくなって話しかけても反応がなくなってしまったと。

丸　今まで夕ごはんを一緒に食べて、娘さんとの会話をお母さんなりに楽しんでいたはず。施設の広間で、仲間とわいわい喋っているイメージをもたれている人もいるかと思うけど、薬でボーっとさせられているし、認知症が重度の人と軽度の人とを並べて座らせているから、仲間同士で和気あいあいやっている施設なんて、ほとんどないと思ったほうがいいです。子どもだましの塗り絵やおもちゃを与えられて、それで終わり。

長　認知症の進行度なんて、皆バラバラなのに、同じ塗り絵や折り紙をさせられることは、人によっては屈辱的に感じることもある。

丸　**長年続いていた家族との会話の時間がなくなることは、一気にボケる可能性がある。介護職員の中には、ボケたばあさんに話しかけてもしょうがないと思っている人もいる。**だけど、それは間違いです。認知症が深まっても、ちゃんと言葉はわかっています。〈さくらちゃん〉に来ている人の中にも、5年以上会話がなかった認知症の妻が、介護している夫にある日突然返事をしてくれた、なんていう例はたくさんある。ぜーんぶ、聞こえているのよ。話しかけてくれることは、不安だらけの認知症の人たちにとって、喜びなんです。だから、娘さんが2週間で家に連れ戻したというのは、私は間違っていないと思うよ。

長　だけどね、ここで問題が起きる。いわば娘さんは、「特養」からお母さんを一時的に〝脱北〟させたようなもの。籍はまだ「特養」にある。**つまり、籍を残したまま家に戻ってきても、僕ら在宅医は、介入できない仕組みなんです。**

丸　なるほど。二重で受診することになってしまう。「特養」に入るということは、病院に入院したことと同様の扱いになるから、もう在宅医療は受けられない。

長　その娘さんから、「特養暮らしで疲れて一時帰宅しているから、お母さんに点滴してください」と言われても、僕たちは対処できません。それなのに、「長尾先生、冷たすぎるわ！　何もしてくれないなんて！」と娘さんは泣いて怒ってはる。だから、僕は「もう一度在宅医療を受けたいのであれば、きちんと退所手続きをしてからにしてください」と申し上げるしかないんです。

丸　それで結局、その母娘はどうなったの？

長　悩んだ挙句、脱北から1週間でまた「特養」に戻られました。施設の人が、何度も自宅まで説得に来たらしい。「お願いですから、お母さんを戻してください」と。このままだとお母さんは受けられる介護も受けられなくなりますよ、と。しかし、それからたった2ヶ月で、そのまま施設で、お母さんは帰らぬ人になった。10年待って「特養」に入って、たった3ヶ月で終わり。

丸　そうだったんか。死因はなんだったの？

長　急性肺炎だったそうです。だから別に、施設の介護と直接の因果関係はないわけです。在宅であっても、もしかするとそこが寿命だった可能性が十分ある。僕は、そのお母さんのお葬式に行きました。10年近くお付き合いのあった患者さんだったので。でも、延べ3ヶ月足らずしか入所していなかったのに、その「特養」の施設長やらスタッフやらもたくさん参列していました。

丸　訴えられるのが怖かったんやろうな。

長　葬儀の時も、娘さんはまだお母さんの死を受容できていなかった。

「最期は在宅で長尾先生に看取ってもらおうと決めていたのに、なぜこんなことになってしまったの？　あんなに元気だったお母さんが、こんな突然亡くなるなんてことが、あるんですか？」と僕に訊いてくるので、「そりゃ年が年だからなんでもありますよ。まして施設に入れば、すなわち環境を突然変えたことで、ストレスで体も心も弱るから、こういうことは十分に起こり得る」と答えたら、泣きながらまた怒っていた。

「どうしてそんな大切なことを、もっと早く言ってくれなかったの！」と。……僕、ずっと前から何度もそう言ってたんやけど。だけどやっぱり、**実際に施設に入れてみるまでは、どれだけ急激に本人が弱っていくか、家族もわからないのです。**もちろん例外もあって、施設の空気というか、水が合って、逆に元気になる人も、いることはいるけれども。

丸　それはあるね。想像力が追いつかない。眼の光が失われる*、と言葉では言ってみても、それがどういうことかは経験してみないと、ということがある。その娘さんの後悔は計り知れないね。良かれと思って「特養」に入れたはずが、後で考えたらかわいそうなことをしたと。そういう時

●**眼の光が失われる**
施設に入所し、今までやっていたこと、やりたいことがなくなると、体も精神も急激に機能が落ちていく。これを「廃用性《はいようせい》症候群《しょうこうぐん》」と呼ぶ。そ

に、〈さくらちゃん〉に来てくれたなら、同じような経験者が何人もいるから、いいアドバイスができたのに、とも思う。

長　そう。10年も娘さんは頑張ってきた。それなのに、「あそこにさえ入れてなければ……」と後悔が今も残っている。

丸　介護って、そういうことなんよ。**どんなに頑張っても、終わりに後悔があると台無しになる可能性がある。**私も、前に話したように、家族3人見送った時のもどかしさ、悔しさ、「あの時もっと、こうしていれば…」という想いで、つどい場を始めた。その日が良ければそれでいい、ではないんです。**それが、家族というものです。愛おしくて、愛おしいから、面倒くさいの。つらいの。だから、やり遂《と》げたいと思うんです。**

の前に、明らかに眼から光がなくなり、表情が乏しくなっていくので、施設にお見舞いに行ったときは、必ずじいちゃん、ばあちゃんの表情をよく観察してほしい。

介護施設はホテルと違う！こんなところは入っちゃダメ

長 実はそのお母さんが亡くなった「特養」はね、ちょうどその頃、新しい施設を作ったばかりだったんです。だから、今までのベテラン職員を、そっちの施設に投入していて、元の施設にいるのは、不慣れな新人職員ばかりだったとあとで聞かされた。

丸 そんなん、レストラン経営と勘違いしてるわ！　ちょっと人気の出たレストランが支店出して、いい料理人は新規開店のところにとりあえず移動させる……。だから、ブランドで施設を選んだら良いことない！

長 介護施設に往診に行っているから僕もそれは感じます。まさに有名無実。名前と現場の実情に格差があるのは、病院どころではない。特養よりも、高級有料老人ホームは特にそう。だって、やっている人たちの基

本がビジネスやから……。どこかお金の匂いが鼻につく。

丸　まさに『介護施設を間違えたらもっとボケるで！』。ここで間違えたらエライことになる。

長　間違えないために、市民は何をすればいいと思う？

丸　まずは、きっちり見学をさせてもらうことです。

長　こんな施設はやめたほうがいいというポイントはあるの？

丸　そりゃあもう、たくさんありすぎて。全部は言えん。

長　じゃあ、中でも3つか4つに絞るとしたら？

丸　**介護施設の見学ポイント。**

その1●アポなしで突撃してみる。しかも、利用者の食事の時間を狙い撃ちする。

長 なるほど。不意を衝《つ》くわけや。

丸 *「アポなしの方は見学できません」と門前払いするようなところは、こっちからお断り。介護職員と利用者がバラバラに食事をしているようなところも、お勧めはできない。

長 その通りです。見学時間が完全予約制で、その時間だけ、取ってつけたようなよそ行き対応の施設、あるある。高級旅館さながらに、エントランスにずらっと介護職員が並んで、「いらっしゃいませ〜」とお辞儀をするようなところは、ちょっとおかしいかもね。そこからは、利用者たちの生活ぶりがまったく見えてこないから。

丸 **その2●やけに静かな施設はNG。ごそごそ、がやがや、生活の雑音が**

●**「アポなしの方は見学できません」**
ブランド介護施設ほど、月に2〜3回、見学会を行っている。中には、無料で「昼食付き見学会」をやっているところも。アポなしで行くと、「利用者のご迷惑になります。プライバシーの侵害になります」といった理由で、99%断られるはず。

あるところがいい。テレビの音しかしない施設はあやしいね。

長　お年寄りがみんな眼をとろんとさせて座っているということは……。

丸　薬でおとなしくさせている、ということ。眼にも輝きがないはずです。
その流れで言えば、

その3●利用者のほとんどが車椅子で過ごしているところはNG。

杖を突いてでさえも、歩いている人がほとんどいないということも、理由はおんなじです。歩いて施設に入所したお父さん、お母さんをたった一ヶ月で車椅子に縛りつけたいですか？

長　一度車椅子になってしまえば、どんどん筋肉が落ちて寝たきり生活に突入するまで数ヶ月だということは、前にもお話しした通りです。

丸　**その4●食事風景を見逃すな！**

職員が、大きなスプーンで無理やり口につっこんで食べさせているとこ

ろは、絶対に入れてはいけません。普通に口から食べられなくしているのは、実は介護施設かもしれないと疑ってかかること。

どんなに時間がかかっても、なるべく本人たちのペースでゆっくり食べさせているか。また、おいしそうに食べているかどうか？　食べることは、生きること。人間最後の最後に残るのは、食べる楽しみ。その楽しみを奪うところは、生活のすべてを奪っていると言っても、過言ではないです。そもそもほとんどの施設のごはんがマズすぎる！　また、最近は大手宅配業者にお弁当を発注しているところもあります。そうすると、まず温度や匂いも半減してしまいます。消毒薬の臭いの中で冷えたお弁当食べたって、美味しいわけもない。

長　そして、僕からもうひとつある。**介護職員が、その施設で入所者を看取ったことがあるかどうか？**　老人施設で働きながら、一度も「死」を見たことがない、見るのが怖い、という介護スタッフが増えています。僕から言わせればこの問題、つまり**施設の看取りは深刻。**介護施設を終の棲家と決めたならば、利用者さんはそこで死ぬ権利があるはずです。

なのにその対応ができずに、最期はスタッフがむやみに救急車を呼んでしまい、叶うはずの平穏死が叶わないことが多い。

丸　つまり、「ここで本当に看取ってもらえますか？」と訊いてもいいということ？

長　その通りです。ぜひ訊いてください。どんな医者が看取ってくれるのかも。そこで嫌な顔をするようならアウト。

丸　ホテルと介護施設は違う。外観がきれいやからとか、景色がいいからとか、そんな理由で家族を預けたら、良いことなんてなんにもない。ホテルみたいに、お・も・て・な・し、なんてパンフレットの宣伝文句でほざいている施設はね、私から言わせたら、ろ・く・で・な・し。

長　ひ・と・で・な・し、でもあるよ。家族が、施設を選ぶ目をもたないと結局ダメなんです。

コラム

介護施設で、平穏死できるの？

長尾和宏

●介護施設では〝平穏死〟が難しい？

医療機関のみならず、介護施設からも平穏死の講演依頼をたくさんいただく。特養、グループホーム、小規模多機能、サ高住、有料老人ホームなどだ。看取りの場は、病院と在宅だけではない。介護施設も看取りの場として重要になってくる。広義の〝在宅〟でもある。厚労省は「看取り加算」をつけて看取りを期待しているが、実態はどうであろうか？

私は現在、数ヶ所の介護施設での在宅医療に関わっている。一昨年（２０１２）の元旦、ある介護施設での初めての看取りの様子は、拙書『「平穏死」10の条件』の冒頭に書いた通りだ。２日前に介護職員や家族を集めて、終末期医療と看取りに関する出前講座をしたばかりだった。しかし看取りの時、介護職員は震えていて、旅立った方に近づけなかった。施設長はこう告白した。「一度も人が死ぬのを見たことがない」。その施設は10年以上、すべての死を外注化してきた。企業系の施設だと、病院への外注が企業の上層部からの指示であったりする。

研修医と末期がんの在宅現場を回ると必ず聞かれることがある。「長尾先生、家で看取って警察に捕まりませんか？」「最期のセデーション（鎮静）の薬剤は何ですか？」。

この2つの質問に答えるだけで1時間はかかるが、医学部でいったい何を学んできたのかと思う。病気については6年間学んでも、看取りについては1秒も習わず医者になれるのだ。在宅医療を始めたばかりの開業医仲間からもよく聞かれる。「長尾先生、在宅看取りで訴訟になりませんか？」。医師であっても難しい在宅看取りが、医師も看護師もいない介護職だけの介護施設ではどれだけ困難なものかは想像に難くないだろう。

●介護職員や嘱託医への〝看取り同意書〟って？

昨年の日本在宅医学会の市民公開講座「施設での看取りを考える」の座長をしていて驚いたことがあった。その施設では、看取りになりそうな時、夜勤に入る職員に必ず〝看取り同意書〟を取るという。看取りが近くなると職員は、看取りに当たらないようにお祓いに行くという。それでも当たってしまった職員の中から、PTSD（心的外傷後ストレス障害）になり、労働争議に発展する可能性もあるので、同意書が必要なのだという。本人や家族ではなく、職員に〝看取り同意書〟を取るという現実は施設での看取りの困難さを象徴している。

別の施設では管理者からの相談に驚いた。その施設では、職員たちは看取りに積極的だが、肝心の嘱託医が看取りに反対し、平穏死の阻害因子になっているという。その結果、嘱託医が〝看取り同意書〟にサインしないと看取りができないと聞き、言葉を失った。平穏死以前の問題であろう。終末期医療や看取りに向き合おうとしない医師が、介護施設や老人ホームの嘱託医をやっていけるという現実を直視すべきだと思う。

●介護施設のミニICU化

数年の歴史がある介護施設で、第一号の看取りがあった。呼吸停止との連絡を受けて、いつものように1時間くらい空けて施設に到着し、部屋の扉を開けて驚いた。巨体の男性介護職員が、小さな老女の上に乗って心臓マッサージをしていた。汗びっしょりになって、ハアハアいいながら1時間もマッサージを続けていたのだ。慌てて止めると、大きな手の下からＡＥＤが出てきた。前日の看取りの講座の中で、「心臓マッサージとＡＥＤは不要」と言うのを忘れていたのだが、まさかこのような事態になるとは想定していなかった。

別の介護施設では、看取りが近い患者さんの酸素飽和度などのバイタルサインを夜中も1時間おきに測り、メールとＦＡＸで伝えてくる。彼らは私たち医師以上に〝待てない〟。早朝、呼吸困難とのことで携帯電話が鳴り緊急訪問したら、死期が近い老衰の高齢者は平穏に寝ていたが、それを看ている介護職員が「酸素飽和度が悪いので見ているのが辛くて」と、過換気症候群に陥っていたこともあった。

また別の施設では、看取りが近い患者さんの酸素飽和度が87％しかないという理由で深夜に呼び出された。「死ぬ前は、血圧や酸素飽和度は下がるものだよ」と説明しても、それに対して何もしないことをなかなか納得されない。最終的に、介護職員はこう泣きついてきた。「先生、バイタルサイン（心拍数や呼吸、血圧、体温など）が悪すぎて看取れません！」。

今、多くの介護施設ではバイタルサインが花盛りで、ミニＩＣＵ化している。そんな暇があったら優しく触ってあげて、なんて言っても取り合わない。介護現場は深刻な〝バイタルサイン依存症〟に陥っている。それは取りも直さず〝平穏死〟と逆を向いているのだ。

●ケア会議を介護職への平穏死の啓発の場に

最近、在宅医療に従事している医師たちに、「介護福祉士ってどんな職種か知っていますか？」と聞いてみたら、誰も知らなかった。「社会福祉士」や「ヘルパー」についても詳しく知らないという医師が大半だった。とあるがんセンターで在宅医療について講演した時には、座長から「ケアマネとヘルパーはどう違うのか？」という質問が飛んできた。医療職は、介護職には興味が薄く、たとえ国家資格であってもよく知らないのが現実だ。

施設や在宅において、患者の平穏死希望を叶えるには、介護職との連携は不可欠だ。しかし前述したように、介護職員の看取りへの不安は我々医療者の想像以上に大きく、〝待てない〟ために最後は救急車を呼んでしまうことが少なくない。在宅で家族が〝待て〟ず、看取り搬送になってしまう場合と同様だ。施設や在宅での看取りの推進には、介護職への平穏死の啓発が急務である。そんな想いで全国を飛び回っているが、一向に進まない。やはり、各地域で医師会と在宅医がイニシアチブを取って介護職への終末期医療と看取りの研修会を繰り返す必要がある。また日常のケア会議や地域ケア会議で、看取りに関してもしっかり取り組む必要がある。

今後、ますます盛んに謳われる「医療と介護の多職種連携」において、こうした「平穏死」の議論が必須になることを望んでいる。

第9章

最期まで家で看たいけど…世間がそれを許さない!?

認知症の踏切事故で家族に720万円の賠償命令。これってどう思う?

丸　長尾ちゃん、いずれこんな事件が起こるやろな……と不安だったことが、とうとう起こってしまったね。認知症の91歳のおじいちゃんが電車にはねられ亡くなった、名古屋の事件。*

長　あれね。名古屋地裁が、そのご遺族に対して、電車遅延などの賠償金720万円をJR東海に支払うよう命じました。この判決については、僕ら医療者のあいだでも、たくさんの意見が現在でも交わされているところです。

丸　賠償金720万円……医者として長尾ちゃんはどう考える?

長　金額自体は妥当《だとう》だと思います。

●認知症のおじいちゃんが電車にはねられ〜

以下、日経新聞(2013年8月10日付)の報道より抜粋。

『認知症の男性(当時91)が線路内に立ち入り電車と接触した死亡事故で、家族らの安全対策が不十分だったとして、JR東海が遺族らに列車が遅れたことに関する損害賠償を求めた訴訟の判決で、名古屋地裁(上田哲裁判長)は9日、男性の妻と長男に請求全額にあたる約720万円を支払うよう命じた。判決によると、男性は2007年12月、愛知県大府市のJR共和駅の線路に入り、東海道本線の列車と衝突して死亡。男性は同年の2月に「常に介護が必要」とされる「認知症高齢者自立度4」と診断されていた。上田裁判長は、同居していた妻が目を離した隙《すき》に男性が外出し、事故が発生したとして「妻には見守りを怠った過失がある」と認定。別居している長男についても「事実上の

丸 ええ？　高いんちゃう？

長 前例があるわけでしょう。たとえば自死が目的で線路に飛び込んだ人のご遺族が、今まで同程度の賠償金額を支払ってきたのであれば、「認知症だから、安くしときましょう」というのはちょっとおかしな話やないのかなと。

丸 そうか、同じ事故を起こしたのならば、起こした人の病気の種類によって値段を変えてはならないということか。

長 だから僕は、**問題は、金額云々ではなくて誰がそれを支払うことになるのか？**　ということにあると考える。遺族に払え、というのは酷《こく》ですよ。

丸 じゃあ、誰に支払い命令をすればいいわけ？

長 皆さん意見はそれぞれでしょうね。これは事故ですよね。僕の理想論か

監督者」とし、「徘徊を防止する適切な措置を講じていなかった」とした。男性の家族らは、妻は事故当時85歳で、常時監視することが不可能だったなどと主張。しかし上田裁判長は、介護ヘルパーを依頼するなどの措置をとらなかったと指摘。「男性の介護体制は、介護者が常に目を離さないことが前提となっており、過失の責任は免れない」とした。』

もしれないけど、自動車保険のように、「認知症事故保険」なるものを作るべきだと思うんです。認知症の人や家族がこのような事故になった時に、助け合っていけるような保険*が早急に求められているのではないか。早く作ってほしいと思います。だけど、当分は無理でしょうね。ならば、介護保険制度の中でこうした過失に対応できる仕組みを作るほうが現実的かもしれない。この事件は、認知症高齢者462万人に加えて、軽度認知障害者400万人という時代を迎えた今、国民全員で考えていかなければいけない問題ですよ。誰しもが、明日は自分の家族に降りかかってくる問題。いきなり鉄道会社から720万円、賠償金請求されたら、たいていの家族は将来計画が狂うでしょう？

丸　絶対に払えへん。そしてこれは、お金の問題だけじゃない。認知症のじいちゃん、ばあちゃんの在宅医療、在宅介護の根幹《こんかん》を揺るがす問題よ。

長　その通りなんです。僕がこの事件を知った時、まず一番に考えたのは、

●助け合っていけるような保険
事故保険は無論のこと、住宅ローンの返済や生活費に困った場合も、認知症にはほとんど対応できていないのが我が国の現状。生命保険の場合、「高度障害状態」とみなされると、住宅ローンの免除や死亡時と同額の保険金が支払われるプランは多くあるが、認知症で認められるケースはまだ少ない。

「ご遺族は次に、担当医を訴えるのではないか?」という不安です。「おじいちゃんは十分、在宅で看られますよ」と太鼓判を押した医者が責任を負わされるかもしれない。認知症の在宅医療というのは実は常に、そうした危険性をはらんでいます。

丸 だからといって、この事件をきっかけに、「うちのじいちゃん、ばあちゃんも明日は我が身。事故を起こして訴えられたらかなわない。やっぱり危ないから在宅から施設に切り替えよう」となるのは、本当に悲しいこと。私は、世の中のそんな動きを危ぶんでいる。

長 この鉄道事故で亡くなったおじいちゃんは、要介護4でした。85歳の妻(当時)と基本はふたり暮らしだったそうです。そして事件当時は、長男の奥さんも介護のためにこの家に来ていた。ふたりがちょっと目を離した隙に、このおじいちゃんはドアを開けて、外に出て行ってしまった。長男は、横浜に住んでいます。しかし、この長男が家族会議を開いて、介護方針を決めていたので、「事実上の監督者」であると裁判では認定されました。

丸 つまり、遠くの長男や。

長 そうです。今回、賠償責任を問われたのは、85歳の要介護1の妻と、横浜在住の長男。裁判所は判決理由をこう述べた。

「長男は監督責任者なのに、認知症が進行している父親のヘルパーの手配など在宅介護を続ける対策を取らなかった。85歳の妻も、目を離さずに見守ることを怠った」。

丸 85歳の要介護1のばあちゃんに、そんな判決出すなんてありえへんわ。**司法が、家族だけにまるごと責任を負わそうとしていることには、やっぱり怒りを覚える。**結局、認知症になったらどこかに閉じ込めておけ、監禁義務を怠るな！　と国が言っているように聞こえる。

長 長男はこの判決に対してこんなコメントを出しました。

「判決が指摘する事項を全て徹底しても、一瞬の隙もなく監視することはできません。施錠・監禁・施設入居が残るのみです。父は住み慣れた自宅で生き生きと毎日過ごしていましたが、それは許されないことになります」。

つまり、ご家族も、こうした事故の判決が悪しき前例になることを許し難く思っているんです。僕は、この息子さんには、法廷で闘ってほしいと思っています。控訴《こうそ》審で頑張ってほしいな。「**認知症は精神病院から地域へ**」という流れに水を差さないためにも。

丸　せっかく自宅で楽しく暮らしていた人をむざむざ監禁する前にな、ちゃんとやることがあるんとちゃう？　長尾ちゃんの言うように、補償する社会システムを考えてほしい。介護家族だけを苦しめる判決は、おかしいよ。あのね、「**介護保険**」**の要はケアマネジャーだけど、**「**介護**」**の要はやっぱり家族**なんです。

もしもあなたの隣の家に、認知症の人がいたなら

長 せっかくいい塩梅《あんばい》で認知症の在宅医療、在宅介護ができていても、こうした周囲の声に圧されて、それが難しくなるケースというのは、実はよくあるんです。

丸 つまり、ご近所の声やね。

長 僕は今、一軒家で完全独居の認知症のおじいちゃんの在宅主治医をしています。僕が見る限り穏やかなおじいちゃんでね、もともと絵描きさんやったらしい。カレンダーには、たとえば月曜~水曜は『水戸黄門』、木曜は『大岡越前』、というふうにその曜日ごとにやる時代劇ドラマが書き込んである。1日2回、ケアマネさんが入っていて、ごはんの準備をしてくれる。薬もごはんも自分で口に運べるし、なんの問題もな

い日々なんです。だけど先日、僕が往診を終えてその家から出てきた時に、道端で隣のご婦人につかまってこう懇願《こんがん》されました。「**あのじいちゃんをひとりで家にいさせるのは危険。ボケとるんやろ？　火事でも起きたらどないしてくれるんや！**　あんた、医者だったらあのじいさんを早く入院させてくれ」。

丸　その独居のおじいちゃんの家、火の元は当然止めているんやろ？

長　止めています。ヘルパーさんが来る時だけガスを使って料理をして、おじいちゃんは電子レンジが使えるので、それを自分で温めて食べています。お風呂も、ひとりでは入りません。だけど、そう説明しても、「何かあってからでは困る」の一点張りなんです。夜中にたまに大声をあげているのも怖い言うてな……。

現段階で、そのおじいちゃんに暴力的な周辺症状は一切見られません。徘徊もしていません。しかし、１００パーセント安心ですなんて誰も言い切れないのが火事とか事故というものです。どんなに防いでいても、なる時はなる。だから僕だって、**在宅医として「この人は、絶対に安全」などという言葉はご近所さんには使えない。**

丸　その人らは、昔からご近所さんなんかな。

長　そう。どちらももう、何十年もそこに住んでいると思うよ。だけどどうやら、昔から仲良くなかったみたいだね。おじいちゃんの連れ合いはだいぶ昔に亡くなっているから。男のひとり暮らしは、近所付き合いが億《おっ》劫《くう》になるものだし。

丸　徘徊の話の時も言ったけれど、**「ご近所さん文化」[*]がなくなったことが、よけいに認知症時代を難しくしています。**もし夜中にじいちゃんが大声を上げていたなら、「どうしたの?」と面倒でもまずは訪ねてあげるのが、本来の隣人のあり方やないかなあと思うんだけど、難しい時代やなあ。でも見て見ぬふりが、一番いけないのよ。元気な時から、良い人間関係を築いておくことが、ボケてから倍返しされないためのポイント

●**「ご近所さん文化」がなくなった**
もしもご近所にひとり暮らしの高齢者がいて、少しボケているかな?と思われたときは、民生委員に相談してみるのも手。民生委員から市町村の窓口に相談してもらい、家族の有無を確認、地域ぐるみで話し合いができれば理想。

……家族もご近所もね。

長 その人の気質《きしつ》を知らないから、怖いんや。もし隣の家に認知症の人がいたら、まずはどんな状態かを「知る」という気持ちが大切だと思うんですよ。完全独居の認知症の人は少ないかもしれないけど、昼の時間帯はひとりで家にいるという軽度の認知症の人は意外と多い。隣人の生活ぶりを知ることで、よけいな不安がなくなる。おせっかいで見守ってあげるというのが本当の「**地域包括ケア***」だと僕は思う。実際、完全独居の認知症でうまくいっている人というのは、ご近所さんと仲が良いケースが圧倒的です。近所が見守ってくれている。

丸 明日は自分が世話になるかもしれない。ご近所みんなで、地域みんなで見ようという視点は当たり前のことです。わざわざ、「地域包括ケア」なんて叫ばないとそれができないことが、やっぱり変よ！

長 認知症の本人だけじゃなく、その家族もご近所さんの言葉でどれだけ救

●**地域包括ケア**
団塊の世代が75歳以上になる2025年を目処に、介護が必要になった高齢者も、住み慣れた自宅や地域で暮らし続けられるよう、医療・介護・介護予防・住まい・生活支援のサービスを一体的に提供しましょうと厚労省が謳っている地域包括ケアシステムのこと。しかし、国が各市町村へ責任転嫁したと見られる一面もあり、各市町村によって介護の質に大きな差が出てくることが懸念される。

われるかわからない。「**つらいことがあったら、言ってちょうだいね**」**と挨拶代わりに声をかけるだけでいいんです。お隣の人が、自分のところの認知症の家族に理解を示してくれているんだと思うだけで、ストレスは相当軽くなっていくはずだから。**

近藤誠さんというスゴイ人がいる！

丸　私たちの仲間に、近藤誠《まこと》さんというスゴイ人がおるでしょ？

長　まるちゃん、読者はその名前だけ聞くと100パーセント勘違いするで。あの〝がんもどき〟の人と同姓同名やけど、別人や（笑）。この方は、「がん」じゃなくて、認知症について一生懸命やっている御人や。

丸　そう。愛媛県西条《さいじょう》市のお役人さんなんやけど、まあ、お役人らしからぬ過激さをもった、とてもいい人で。介護ケアのプロです。役職は、高齢介護課の副課長さんや。長尾ちゃん主催の市民フォーラムで、2013年は2回ほど、尼崎に来て講演をしてもらったね。

長 この人も、僕とおんなじくらい全国を飛び回って、認知症をどう理解すればいいのか？　どう介護すればいいのか？　お話をされています。僕は近藤さんのお話を伺って一番感動したのは、「介護」ではなく、「快護」をしようという言葉でしたね。ボケていく本人は何もわからなくなる、と思われがちだけれど、本当はそんなことはない。

丸 つい数時間前のことを忘れている自分が怖くて、失望して、孤独で不安になるんや。

長 近藤誠さんは、自分の認知症のお父さんを自宅で介護された。僕は先日、彼からそのお父さんの日記帳を見せてもらいました。備忘録として、お父さんがとにかく必死でメモを取ろうとしているのが涙ぐましい。そして、不安になっていく気持ちも言葉少なに綴られていました。

でも自分が壊れていくのは、全部わかっているんやって。

丸 むしろ、感情や感覚は敏感になっていく。認知症の人は、脳の中にある記憶の中枢である海馬《かいば》*のみならず、感情を司《つかさど》る部分、扁桃体《へんとうたい》*というところにも異変が起きるらしい。なのに、周りの人が「この人はボケたからもう何もできない」と、本来ならばまだまだできることまで取り上げようとするから、不安な気持ちが増すことになる。
近藤誠さんは、お父さんの介護の中でそれを悟った。そして、**認知症は、「忘れる」のではなく、「新しいことを覚えられないのだ」というのが彼の持論。**昔できていたことであれば、こちらがサポートすれば、ある程度は思い出しながらできるはず。

長 **「待つ力」が介護者には必要ですね。**

丸 認知症が進んで、片腕が動かなくなっても、もう片腕が動くならば、その腕を大いに使ってもらって、ゆっくり自分で服を着替えてもらおう。

●海馬
脳の大脳辺縁系の一部。人間が生きていく上で大変重要な器官であり、目や耳から入った情報が、ここで処理されて物事として記憶されていく。アルツハイマー型認知症になると、最初にダメージを受ける場所がこの部分であることがわかっている。

●扁桃体
脳の側頭葉に存在する神経細胞の集まりで、好き嫌い、喜怒哀楽、記憶を司る。感情を伴った記憶は忘れにくいと言われている。海馬と同じく、アルツハイマー型認知症では、この部分も萎縮すると言われていて、出来事ややりとりは忘れても、「嫌なことをされた」という感情は残ったりする。

時間がかかるから、待てないから、もうこっちでやらせてもらうわ！　と生活力を奪うというのは介護者のエゴなんや。

長　当人を不安な気持ちにさせるのではなくて、快《こころよ》い感情*を残す介護をしようということやね。「快護」って、ええ言葉や。

丸　**もっと言えば、「快護」が「快互」となればいいねえ。本人も介護者も、互いに快い感情をもつことができれば……介護には気づきがある、じいちゃんやばあちゃんから、たくさんのことを教えてもらえた、という心境になれば、それが「快互」**。本当は本人がやれること、したいことを「奪う」から、それが爆発して、いきなり暴言を吐くようにもなる。ある調査では、認知症で脳に異常が起きる部分はたったの5パーセント。あとの95パーセントは正常のままという説もあるくらいです。

長　近藤誠さんが尼崎に来てくれた時、会場の皆さんとグループワークをしました。テーマは次のようなものです。

●快い感情を残す介護
近藤誠さん（愛媛県西条市高齢介護課）の持論。『介護保険の理念は自立支援と尊厳の保持にある。自立支援とは、本人のやりたい気持ちを失わせずに、やれることを支援していく、ということ。認知症の人は、快・不快という感情が最後まで残る。本人の心地良さを守ってあげられるケア＝「快護」をするためには、周囲の都合ではなく、本人を中心に生活を考えることが必要だ』。

「あなたの近所に、次のような方がいます。あなたのできることは何ですか？ 88歳女性。25歳で結婚後、ずっと今のところに住んでいます。ご主人は5年前に死亡。子供は男ふたりだが、広島と大阪に住んでいるため独居。足腰が弱く、また、交通手段もないため外出の機会が減っています。

もともと、世話好き、話好き、家事好きの方で、特に料理・裁縫は得意でした。最近、家にこもりがちであまり見かけることがなく家の周りに草が伸びており、ゴミ出しの日を間違えることも多く、認知症が心配されます」

近藤さんは、こうした認知症について皆で話し合うべき設問を何十問も作って、全国を回っては、グループワークをしているんです。

丸 たったひとつの正解なんてないんよ。**自分が何ができるか？ そして、何を相手が求めているか？** を考える良い機会。たとえば、この設問だったら、ゴミ出しの日に、「おばあちゃん、今日はゴミ出しの日ですよ。ひとりで捨てられる？」と笑顔で挨拶しに行くだけだって、素晴らしい行動なんです。

長　近藤さんのお話を聴いていると、本当に僕たち医者は認知症のことを何もわかってないんだなあと痛切に感じるよ。薬ありきの医療のありかたを根本から考え直すべきだと思った。**認知症のために処方したその薬は、はたして本人のためなのか？　それとも介護家族や介護職員のためなのか？**　介護者のためにじいちゃん、ばあちゃんをおとなしくする薬なのであれば、まずはそれをきっちり介護者に説明してから処方しないといけない。それができていない医療者が多すぎる気がする。

丸　そうよ。長尾ちゃんみたいに、認知症に理解ある在宅医はまだ一握り。さっきの独居のじいちゃんの話でも、近所からクレームが来ただけで、「もう在宅医療は無理ですね。施設に入りましょう」とそそくさと諦めてしまう在宅医はどこにでもいるからね。火事や不慮の事故で、訴えられたくないからね。

長　気持ちはわからなくもないよ。だけどやっぱり、患者さんと信頼関係が結べていないという背景もあるね。**認知症というのは社会的な見方をすれば、脳の病気でなくて、関係性の障害やと思っています、僕は。ものの忘れが激しくなり、自分がどうなっていくのかわからないという不安と恐怖がベースにあって、人との関係性がうまく築けなくなることが一番の問題なんです。**そういう意味では、認知症と呼ばれるものは、いわゆる他の「病気」と呼ばれるものとは、全然違う。そして、医者が薬で治療できる範囲は限られている。

丸　あっちの近藤さんが言うてはる「がんもどき」[*]はありえへんけど、認知症は「病気もどき」ってことやな。

長　もうややこしいから、あっちの近藤さんの話はやめとこか（笑）。病気ばかり見て、人間を見ない医者が多すぎるから、医療が認知症患者さんと向き合えないのは、がんと同じ構造やけど。

●**「がんもどき」はありえへん**
詳しくは、あっちの近藤誠さん（慶応義塾大学医学部専任講師）に代表される医療否定現象を踏まえ、患者にとっての本当の利益とは何か？を問うた長尾和宏先生の本『「医療否定本」に殺されないための48の真実』（扶桑社刊）をどうぞ。

第10章

ああ無情。家族が賢くならなければって言うけど、どうすりゃいいの？

そもそも認知症って病気なの？告知する必要ってある？

丸　昨年、〈つどい場さくらちゃん〉に、あるご夫婦が訪ねて来られました。60代に突入したばかりの夫が、「若年性認知症」と診断されたというのです。

長　**65歳未満の人が認知症を発症すると「若年性認知症」という呼び方をします。40代、50代で発症する人もいます。**そして、65歳を過ぎれば、病名も「若年性認知症」から「認知症」へと変わるのです。全国で「若年性認知症」に罹《かか》っている人は、厚労省の推計では4万人程度ですが、あくまでこれは診断された人だけの話。実際には、その3～4倍の人がいるとみられています。

丸　その夫は、中学卒業後、神戸の有名企業に就職されました。真面目に定年まで勤め上げ、その熱心な働きぶりに会社からは定年後も嘱託《しょくたく》という形で残ってほしいと言われましたが、「これからは、今まで私を支えてくれた妻との時間を大切にしたい、妻を旅行にも連れて行ってあげたいから」と、その誘いを断り定年で円満退社しました。しかし、退社したとたんに、人や物の名前が出てこない、食事をしたことを忘れる時がある、話のつじつまが合わないといった認知症状が現れ出したそうです。それで病院に検査に行ったんです。

長　どこの科を訪ねたの？「もの忘れ外来*」かな？

丸　そうです。**最近は、「もの忘れ外来」というのがやたら増えた。そもそもこれは精神科なの？　内科なの？**

長　うーん、大学病院などでは、精神科医がもの忘れ外来を担当している場合が多いね。しかし、精神科だけでは診られないから、脳外科、神経内科など、もっと領域横断的に認知症を診ていきましょうということから

●もの忘れ外来
もの忘れが、老化現象によるものか、病気によるものかを診断・治療する外来。精神科や脳神経外科だと行きにくいと感じる家族や、本人の抵抗感を少しでも減らすためにこの名を冠した。病院によっては、「認知症外来」と呼ぶところもある。

●甲状腺機能
甲状腺ホルモンが不足することにより起きる甲状腺機能低下症と認知症は症状が似ているため、もの忘れ外来では甲状腺機能をチェックする。

始まっていますね。外来でここを訪れると、MRIやCTで脳の萎縮をチェックする他に、*甲状腺機能も含めた血液検査、問診や*長谷川式やMMSEという認知症チェックテスト、さらには髄液検査を行い、診断するのです。ちなみにウチのクリニックでも、「もの忘れ外来」をやっています。

丸　長谷川式って、100から7を引いていくテストね。あと、サクラ、ネコ、電車……って単語を覚えさせて復唱させるんや。あんなの誰もようできませんわ。それに、認知症の人は、ああいう場所に行くと*「ちゃんとしよう」とシャキッとするから、いつもより脳の状態も明瞭になっている場合もよくあります。**普段はできていないことが、医者に見られているとできることもある。逆に、普段はできているのに、緊張しすぎて医者の前でできないこともある。**認知症状は診察室の中ではなく、生活の中に出てくるものだとお医者さんは知ってはる？

長　確かに、認知症の方の症状は日々、いや1日の中でもよく揺れ動くの

●長谷川式
精神科医の長谷川和夫氏が作成した、長谷川式認知症スケールのこと。現在、認知症の検査では、どの病院でも必ず行われる。

●「ちゃんとしよう」とシャキッとするから〜
アルツハイマー型認知症の特徴として、このような「取り繕い反応」といわれる症状がある。普段接している人以外の前では、精一杯、「ちゃんとできる」ことを証明しようとする。日常であれば特に問題はないが、要介護認定の際、この症状が出ると、要介護度を軽く評価される可能性があるので、家族はきちんと説明できるようにしておきたい。

で、診断のみならず、介護認定も、とても難しいものだと日々感じています。しかし、そうしたテストが国の決めた診断基準になるわけだから、医師はやらざるを得ない。

丸 そしてその夫は、何気なく検査に行ったその「もの忘れ外来」で、本人に「アルツハイマー型認知症」と告知されました。大変ショックを受けました。帰ってすぐに、一生懸命インターネットでアルツハイマーについて調べ上げて、自分がこの先どうなっていくかをシミュレーションしました。

長 ある意味、がんよりも闘い方の選択肢が少ない分、認知症と言われた人の将来のシミュレーションというのは、酷な話かもしれないね。

丸 告知された翌朝から、妻や子ども、孫たちの名前を忘れんようにと、漢字で何度もノートに書き取り、そして新聞の「天声人語」も毎日書き取り。一日でも寝たきりの日を先延ばしできるようにと、午後は体を鍛えるためにジムに通うようになった。

長　真面目に働いて、ようやくこれから夫婦で自由な時間が過ごせるという時に……。

丸　夫は「悔しい!!」と〈さくらちゃん〉で泣かれ、妻は、自分の前で夫が初めて涙を見せたと言い、泣きながらこう話してくれました。
「夫のショックは私にもはかり知れません。夫は今、ジムにひとりで通っています。そのジムに行く道中に踏切があるのです。そこは飛び込み自殺の名所として有名なんです。夫がショックのあまり、衝動的にその踏切に飛び込んでしまうのではと考えると、付き添いなんか不要だと意地を張って出て行く夫の後ろ姿に不安を覚えます。こんな老後が待ち受けていたなんて、一体誰が予測したでしょうか」
……長尾ちゃんに訊きたい。認知症と診断された本人に、告知は必要ですか？　認知症は不安が日々増幅していくものです。＊そこにさらに不安を与えてどうするの？

●認知症は不安が日々増幅～
認知症患者は不安の中を生きているといわれる。わからないことや思い出せないこと、叱られることが増えたりして混乱し、大きなストレスを抱えることになる。不安感が強まると、介護者から離れようとしなくなることも。介護者がトイレに立つと、トイレまで一緒に入ろうとすることもあるが、「いい加減にして」と突き放してはいけない。「3分で戻るから、ちょっと待っていてね」というふうに、声をかけて離れるのがベター。孤独感をなるべく与えないような対応を心がけたい。

長　**告知するかしないかという前に、告知したことによりご本人にどのようなメリットがあるのかを医師はよく考えるべきです。そもそも僕は、がんでも認知症でも「告知」という上から目線言葉が大嫌いで、単に「説明」と言っています。**少なくとも、僕は患者さんのメリットになるための説明しかしません。告知という言葉も、患者さんの前では使いません。たとえば、「若年性認知症」であれば、働き盛りの人もいるわけですから、今、どんな病状であるかをわかりやすくお伝えし、就労支援センターなどの存在をお伝えすることもあります。一生懸命説明しても、それがわかりづらい病気なので、いかに「わかりやすく」説明できるかが腕の見せどころ。

丸　妻は医師に、「なんで家族の承諾なしに本人に告知するんですか」と抗議をした。すると、「告知するのが私の方針や」って、にべもなかった。告知によって本人をどん底に落とすことに意味はあるの？　医療者っていうだけで家族にそんな残酷な状況を作る権限があるの？

告知という言葉を使う医者は、自分を中心に世界が回っている！

長 そんなもん、あるわけない。告知という言葉をやたら使いたがる医療者は、結局患者さんではなく、自分を中心に世界が回っているように思う。でも「告知されなかった」という理由で、患者さんやそのご家族から訴えられる場合もあるからね。聞いてないぞ！　とね。「告知」というのは、そういう防衛的な意味合いも強い。しかしそこも、医師と患者さんの信頼関係をがっちり築いていれば、必要以上に防衛しなくてもいいと僕は思う。告知の前にご家族と相談して、どういう伝え方が一番本人を苦しめないか、考えてもらうことがある。それが日本らしさだとも思う。アメリカでは絶対にそんなことしないでしょう。告知*というのは、そもそも個人主義が徹底したアメリカ発信のもの。日本の風土には合わないことだってあるんです。

●**告知というのは～**

医療における「告知」とは、欧米から輸入された考え方。英語では「Truth Telling」つまり、真実を伝える、という単語が使われている。告知をしたあとは、本人や家族が納得できているか？　心理的負担が残っていないかどうか？　を確認するのも医療者・看護者の役割である。

丸 施設選びの前に、医者選び。その後の運命を大きく変えるね。

長 認知症は、医学的見地から見れば脳の異常やから、脳の病気や。だけど病院でなんとかできるか？　というと、そこがほかの病気とはまったく違う。ただここは、*医者によって大きく見解が異なるよ。たとえば、**アリセプトという薬が、どれだけ認知症治療のウエイトを占めるか？**　と質問されれば、70パーセントと答える医師もいるだろうし、50パーセントと答える医師もいる。だけど僕は……10パーセント以下と答えます。ああ、本当のこと言っちゃった。

丸 **私の経験から言えば、5パーセント以下。消費税にも届かない。逆効果になっている人が、7割以上やと思う。**本人の社会性を失わせるという意味でね。

長 そもそも、「病院（やまいのいん）」の起源とは、伝染病患者を集めるところから始まっています。病気を伝染させないように、一ヶ所に閉じ込

●医者によって大きく見解が異なる
アリセプトは、厚労省によって（原則として）増量の指導がされている。3㎎を2週間使用してから（副作用がなければ）5㎎へ、高度認知症であれば、10㎎まで増量できる。しかし、長尾先生いわく、「増量したら逆効果になる人がいる。その人その人で合う量を上手に調整していくのが、本来の医療者の仕事。減らすと意識がしっかりしてくる人も多い。医師によっては、1～2㎎の少量から開始し、増量も少しずつ行うケースがある」。

めましょう、病原菌に冒《おか》された人はここで死んでもらいましょう、という発想からです。もちろん近代では、労働資源や設備の集約化だよね。効率よく病気を治すところ。でも高齢化社会になって治らない病気が増えちゃって……。

丸　ヨーロッパやイスラム圏で病院という概念が発祥した頃は、修道院や教会の隣に作られていたんでしょう？　つまり、死へと向かっていく人に寄り添う宗教者がいた。医療が発達していなかった分、心のケアを重視していたんじゃないかな。だけど今の病院の多くは、心のケアを忘れたまま、認知症の告知をする。「**薬で進行をある程度食い止めることはできますが、いずれは進行します。近い将来、家族の顔もわからなくなります。自分のこともわからなくなります**」と平気な顔で言うことだけ言って、突き放すんや。いつのまにやらそれが病院の仕事になった。

長　本来の病院の存在意義か。答えられる人はあまりいないだろうね。強いて言うなら、患者さんを一ヶ所に集めて、よりよい医療を提供し、患者さんが元気で自宅に帰る可能性を探るといったところでしょう。しかし認知症患者さんに限っては、一ヶ所に集めることに意味があるのか？というのが最近の僕の素朴な疑問です。**集めるということは、患者さんにとっては自由を奪うということ。食べる自由、移動の自由を奪うことが、本人にとってどれだけリスクがあるか**という話は、先ほどまるちゃんが言った通りです。

丸　長尾ちゃんの言うように、**認知症を、脳の病気である前に関係性の障害と捉《とら》えるのであれば、まずは不安を解消することが第一です。**それなのに病院も介護施設も、ともすれば不安ばっかりを増幅させている。介護者にとってもデメリットでしかない。

長　だけど、**「医者に騙されるから医療とかかわるな！」というのは、それはそれで、あまりにも極論で現実的じゃないと考える。**がんでも認知症でも、同じことが言える。騙されるから介護保険とかかわるな！というのもおかしいでしょう？　**医療や介護を端から否定することは、結局**

誰も幸せにしません。必死に新しい治療法を探している医療者たちの活動さえも妨げることになる。昨年(2013年)出版した、『「医療否定本」に殺されないための48の真実』という本で僕が言いたかったことも、そこです。患者さんやご家族がもっと賢くなって、「医療のいいとこ取り」をしていってほしい。本人に告知してほしくないと思ったなら、まずご家族はその旨を、検査前にでも上手に病院に伝えておくなど、模索《もさく》できることもあるはずです。

丸　いいとこ取り。それにはね、「**感受性**」も必要だと思います。こういう言い方したら、語弊があるかもしれないけど、たとえば最近の自然災害のニュースを目にしてもそれを感じる。「あれ? なんだか空がおかしい。いつもと違う。風も違う。これはひょっとすると豪雨になるのでは?」そんなふうに、生身の自分が感じて動くとたいてい間違いはない。そこで、「でも、天気予報では雨の確率30パーセントだから気のせいかな」と己の感受性よりも情報に頼ってしまうと、あとで痛い目に遭うことがある。

長　**情報社会の進化が、本来の人間の感覚を鈍麻《どんま》させている。**

丸　食品偽装もそうでしょ。味気ないエビを食べさせられていても、「ああ、*リッツ・カールトンで最高のデートしとるんや」という気分で、エビの味がわからなくなっている。それで高い金払わされる。それとおんなじこと。この医者はおかしい！　この施設はなんかおかしい！　と感じたなら、雑誌やインターネットの口コミを信じる前に、自分を信じようよ。

長　なるほどね。まるちゃん、感受性が強すぎて今まで結婚できなかったんちゃうか。どうもこの男はおかしいって思ってるうちに……。

丸　はい、おかげさまで誰にも騙されんと難を逃れました……って、私の周りで一番おかしな男に言われたくないわ。

長　僕もリッツ・カールトンでエビ料理は何回も食べてますが、あそこ、旨いよ（笑）。

●**リッツ・カールトン**
世界最高峰のおもてなしと謳われた「ザ・リッツ・カールトン大阪」。２０１３年、ラウンジやルームサービスなどでメニュー表記と異なる食材を提供していたことが発覚。

介護業界、不都合な真実

丸 だけど感受性ってその人それぞれのものだから。養うといっても限度がある。**だから介護にも、当然、向き・不向きがあるんです。**ここまで私たちが言ってきたことが、ピンとこないという人は、どんなに家族を愛していても、在宅介護はすべきでないし、してほしくない。ましてや、介護職として働いたらいかん。**残念ながら、介護業界は若い人の感受性を育てる場が今、ほとんどない。来るものは拒まずで、猫も杓子《しゃくし》も採用して、疲弊《ひへい》させるだけさせて育てない。**

長 ひとつの施設で半年働いたら、「あなたすごい、我慢強い子やね」と褒められるくらいに続かない。

丸 間違ったケアをしないようにと、「**高齢者虐待防止法**[*]」という法律を国

● **高齢者虐待防止法**
正式名称は、高齢者虐待の防止、高齢者の養護者に対する支援等に関する法律。２００６年４月施行。高齢者の虐待防止や早期発見、養護者の支援などを定めた法律。高齢者の身体的・心理的・性的・経済的虐待、ネグレクトを防止することや通報義務などを国や国民、地方公共団体の責務と規定。

が作っただけでは、誰も育ちません。逆効果[*]や。

長　高齢者虐待に関しては、介護現場の実情を綴った、衝撃的な本がありま
す。**『崩壊する介護現場』**（ベスト新書）。著者は、中村淳彦さんといっ
てフリーライターであり、介護事業所の経営もやっている方。本書の中
から、気になった箇所を紹介します。

（介護施設での虐待事件が実名報道され社会的に大きな反響があったことに触れて）

「高齢者はそれぞれであり、介護の現場で直面する問題は正解がひとつではない。人と人とが接する介護が発展するためには、冒険や新しさを生む創造力が必須だが、このままだと少しでも危険の芽があることはやらない、やらせないという閉塞した意識が蔓延することは確実である。

大袈裟にいえば、「心理的虐待」といわれるのが怖いから、高齢者と会話をしたくない。ケガをさせたら「身体的虐待」になるかもしれないから、散歩には同行したくない。そんな考えを持ってしまう介護職員も

●**逆効果**
厚労省の発表によると、2012年度に特養など介護施設で、職員による高齢者の虐待の報告があったのは155件。「認知症への理解不足が介護職員にある」とし、職員の研修強化を促している。

当然現れるはずで、最低限の入浴、食事、排泄《はいせつ》以外はなにもしないのが〝介護の正解〟になる可能性すらある」（同書、25頁）

「介護は一から一〇までマニュアル化できる決まり切ったサービスだけでは乗り切れない。様々な場面でなにが正しくて、なにが間違っているのかわからないことがたくさんあり、それを判断するのは知識や経験に加えて、個々の常識と社会性、倫理観である。『高齢者虐待防止法』施行以降の介護施設は人手不足に嘆き、「やる気がある人は一緒に頑張ろう」なんていってるが、本当に人を選ばなくてはならない。

どんなことがあっても高齢者に虐待するなんてありえない、といえる個人は多いかもしれないが、『高齢者虐待防止法』に定められた虐待が自分が働いている施設では絶対に起きないと断言できる人は多くないはずだ。（中略）介護は溢れんばかりの需要が待っている希望に満ちた成長産業と多くの人は思っているかもしれない。しかし、一歩介護の現場に足を踏み入れれば、慢性的な人材不足、高い離職率、低賃金という代表的な問題に加えて、虐待、介護職員や経営者の倫理観の欠如、専門性の欠如、質の低下、過剰な報道、高齢者虐待防止法の過剰な解釈、団塊世代が後期高齢者となる二〇二五年問題……目先は改善しなければならない問題と矛盾だらけの上に、長期的な展望も〝ネガティブのカオス〟になっている」（同書、29〜31頁）。

介護の現場が、**〝ネガティブのカオス〟**とは言い得て妙だと思いました。どんなに行政が頑張ったとて、このカオスが一朝一夕で改善される方向に向かうとは僕には思えないんです。むしろ、感受性が豊かな子から介護業界に失望して辞めていく。感覚が鈍い子のほうが、介護業界で生き残っていけるという、無情の世界や。

丸　そこを改善するにはやっぱり家族の力が大きい。**在宅なら良いわけでも、施設なら良いわけでもない。介護者と被介護者、二者の心を殺さずに、最大限に良い方針を選び取るために、何が一番良い方法なのかを考えてほしい。**そんな無情の介護世界を少しでも改善すべく、〈さくらちゃん〉では、「**見守りタイ**」という活動をやっているんだけれども。

長 そうそう、〈さくらちゃん〉はいろんな活動をしていますね。「おむつはずし」や「介助のコツ」など、介護者を賢くするための「**学びタイ**」。みんなで旅行に出かける「**おでかけタイ**」。タイ尽くしで、まさにこれは移動の自由の実践です。中でも年に一度、北海道旅行に行っているのはスゴイ。ボケボケで車椅子のばあちゃん、じいちゃんをぎょうさん連れて、一緒に温泉浸かって、一緒に旨いカニ食べて……一筋縄でできることやないなあ。

丸 旅行会社さん、バス会社さん、看護職、介護職の皆さんの協力があってこそ実現している北海道旅行やけど、今まで大きなトラブルになったことなんて一度もありません。車椅子だろうがオムツだろうが、ブツブツ言いっぱなしだろうが、やればできる。みーんな、良い顔して帰ってくるんだから。二泊三日の旅でじいちゃん、ばあちゃんの表情がグングン戻ります。

長　そして、もうひとつの活動が、「見守りタイ」や。

丸　介護者が不安な時に私をはじめ、ウチのスタッフさんたちが「見守る」活動です。たとえば、介護者が出勤したあとデイサービスが迎えに来るまでのあいだ、ちょっとだけ話し相手になってほしいとか、体の大きなじいちゃんとふたりで散歩するのはちょっと心配だから、同行してほしいとか、通院の付き添い、待ち時間の話し相手、そうした生活の小さな時間に介護者をサポートしますよ、という活動なんです。この「見守りタイ」に、異変が起きた。

長　異変って？

丸　「在宅」よりも「介護施設」からの依頼のほうが増えて、逆転したんです。

長　つまり、ケアマネさんの要請ということ？

丸　そうです。有料老人ホームやサ高住の職員さんからの依頼です。なんか矛盾していると思わない？

長　**たとえ有料老人ホームとか、数千万円するような高い入居費の施設であっても、決められたサービス、マニュアル通りのサービスしかできてないから、そういうことになる。**生活の多様性にこまかく対応できないということです。

丸　有料老人ホームとはいえ、スタッフの数も圧倒的に少ないところもある。全室個室の施設で、夜間は入所者20人、つまり個室20室に対してスタッフがひとりというところもザラにある。

長　そういうところは、たいてい職員さんがパニックを起こす。夜中にひとりで、たくさんの人を看ているうちに不安になって、僕の携帯を鳴らしたりメールがしょっちゅう。僕は職員さんの悩み相談のために携帯を真夜中も枕元に置いているわけではないんやけど。

丸 在宅医もいい迷惑だと思うよ。多くの施設では夜中に個室の頑丈な鍵を開けて、こっちでオムツ換えている間に、あっちで誰かが痛がっている。慌ててそっちの部屋の鍵を開けている間にオムツ交換を途中でほっぽり出されたばあちゃんが、不安になって廊下に出てきて転倒骨折！

長 **いつも閉じ込められている部屋のドアが開けられたら、そりゃオムツ交換の途中でも出てきますよ。**それで、廊下が暗いから転んで骨折して、慌てて救急車呼ばれて、救急病院*行きですよ。

丸 そしてそのまま、寝たきりコースにまっしぐら。誰が寝たきりを作っているか？

長 正直、救急病院と結託しているんかいな、と疑いたくもなる施設もいくつかあるよ。キャッチボールみたいに施設と救急病院を行き来すること

●救急病院
救急車を呼ぶと救急病院に運び込まれ、治療をされて不要な処置に移ることも多く、高齢者の場合はそのまま寝たきりになるケースも。

になって、さらにボケる。救急病院に短期入院している間も、施設にはお金は入ってくるわけやから。**ビジネス重視の介護施設にとっては、「ここで利用者さんを看取りましょう」なんて言い出す僕みたいな医者は、目ざわりなんでしょうね。**週に一度決まった時間に来るだけで、そしていざ何かあれば、すぐに救急病院送りにしてくれる医者が、施設にとっては、都合のいい医者になる。**だから、看取りどころか、寝たきりの老人さえ見たことがない介護職員がたくさんいるんです。**

丸 **そういった意味でも、介護施設を選ぶ時に、「ここではどれくらい看取っているんですか」と訊くことは有効やね。**そういえば、ロクに仕事していない悪徳医が介護施設と契約することで、保険料からのバックマージンを貰っているという**在宅患者紹介ビジネス**[*]が、昨年はクローズアップされました。法の網をくぐり抜けたとんでもない商売です。

長 そんなことでバックマージンを貰い、小遣い稼ぎをしているなんて、まさに、人を人とも思っていない医者やと思う。そういう医師はたいていてい

●**在宅患者紹介ビジネス**
紹介業者が、高齢者施設で暮らす患者を医師にまとめて紹介し、見返りに医師から診療報酬の一部を受け取る(つまりキックバック)ケースが急増している問題。現状の法律では違法ではないが、2013年には国会でも取り上げられた。これを受け、2014年4月から患者紹介料が禁止される見通し。

医師会にも入っていないし、我々からはまったく顔が見えないんですよ。朝日新聞が2013年秋にこの件ではスクープ記事*を一面に出したので、覚えている方も多いんじゃないかな。だけどねえ、この世界は本当にややこしいらしい。ヤクザが絡んでいたりするからねえ……こんなややこしいことを本にしたらな、僕、オンナ物のパンツを口に押し込められて淀川《よどがわ》に死体で浮かんでいるかもしれへん。

丸　物騒な話やなあ。長尾ちゃんにも、「見守りタイ」つけたげようか？

●スクープ記事
2013年8月に、朝日新聞がこの件に関して連日大きく取り上げ、医療界、介護業界で大きな話題になった。長尾先生も、同紙面にて「こうした行為で在宅医療がおとしめられるのは残念」とコメント。大半の医師は真面目にやっているのに、一部の医師の悪行により、在宅医療全体が誤解されることが懸念される。

困った症状への対応⑤

すぐに怒る、
暴力的になる
◎
×
とりあえず
逃げる
何か
イヤなこと
あった？
どこか
痛い？
少し時間をおいて、できれば
第三者と様子を見にいく。
薬の
副作用？
病気の
せい？
医師に相談したり、（薬を減らし
たがらない医師は替えることも検討）
訪問介護を利用するのも◎
押さえつけると、
やめなさい！
エスカレート
してしまう
なにをするかー!!
嫌なことをされたり
もどかしいのかも…
バカに
された
思うように
体が動かなくて
イライラ
ベースにあるのは不安

第11章

ばあちゃん、じいちゃんをブロイラーでなく地鶏にしよう！放牧介護のすすめ

老人福祉と死生観を殺したのは誰か？

丸　前章を読んで、ビジネス重視の介護業界のやり方にうんざりしてしまった人もたくさんいるでしょう。誰か一個人が悪いわけではない。介護保険制度が功罪相半《こうざいあいなか》ばだとしたら、図らずも罪の部分を背負ってしまったのが、福祉の心をもっている人。介護現場で心が傷ついて、理想が砕けてやめていくの。

長　本当に、誰が悪いわけでもない。ここで犯人捜《さが》しをしても仕方ない。何度も繰り返すけど、介護業界に人が育たない。特にホームヘルパーさんなんかはよく聞いてみると、「他に飯を食える方法がないから、仕方なくこの仕事に就いている」という人も多いね。それでも食えないから、特に20代、30代の女性は昼はヘルパーさんやって、夜はスナックでアルバイトしてたりする。それで独居のじいちゃんに自分の穿《は》いたパンツを数千円で売りつけている子もいると聞いたことがあるよ。介護保険で本当に助かっているのは、非正規雇用の若い姉ちゃんだという話も聞いたことがある。

丸 福祉に本腰を入れようとする人は、結局、超小規模で、自分で何かをやり始めるしかないのかもしれないね。イバラの道やけど。

長 ポスト・まるちゃんや。

丸 今、超高齢化社会になって、都会も地方も空き家だらけや[*]。**空き家が増えたら、町が死ぬ。その空き家を利用して、宅老所やつどい場を作るという手もあるしね。**

長 仕事で親の帰りが遅い家の子どもをそこで預かれば、世代を超えた交流も生まれる。鍵っ子にさせておくよりも、親だってよっぽど安心やん。

何よりも、人が老いていくとはどういうことか？ を子どもたちは間近

●**都会も地方も空き家だらけ**
2008年の調査で空き家率は約13%。65歳以上人口が25%という超高齢化社会で、新たな借り手がないのは明白。20年後には空き家率が25%になるという試算もある。

で見ることができる。

丸 それが本当の福祉の姿ではないのかな。老いてボケたら、なんにも役に立たないと考えている人が多すぎます。**人間が老いてボケることにはちゃんと意味があります。次の世代にその生き様、死に様を見せるという大仕事があると思う。**

長 日本において病院で死ぬことが当たり前になったのは、この二世代くらい前からの話です。「病院死」と「在宅死」が逆転[*]したのは、1976年、昭和51年のこと。それが今は、8割が病院死になってしまった。僕が生まれた昭和30年代前半なんて、人が家で死ぬのは当たり前で、病院死は2割に満たなかった。病院もそんなになかったし、そこで死ぬというのはやむにやまれぬ事情の人だけだったんです。

丸 **老人を施設に隠し、死が病院の中の出来事になったことと、日本人が死生観を失ってしまったことは大きく関連していると思う。**肉親の「老

●「病院死」と「在宅死」が逆転
現在は病院で亡くなる人が8割、自宅で亡くなる人が1割だが、1960年代までは逆だった。

い」と「死」を見ずに、大人になってしまう子どもは不幸や。もっと言えば、日本の不幸。そうした子たちが、福祉の心をもつのは難しい。病院から斎場へ、住み慣れた家での通夜もなく直行……というのはヘン。

長 先日、台湾のマザー・テレサと言われている著名な看護師で、趙可式《ちょうかしき》教授という70代の女性が来日した際、看取りや尊厳死について対話をする時間がありました。台湾で尊厳死法案*を通した人です。天使のような優しい笑顔の女性でした。

丸 長尾ちゃんの『「平穏死」10の条件』*の台湾翻訳版に推薦文を書かれた先生やね。

長 そうです。日本と台湾、物理的な距離は大変近いのに、看取りの作法には大きな隔りがあると感じました。趙教授が言うには、台湾では、病院で死んでも在宅で死んでも、死後数時間は、医師や看護師は遺体を触らないそうなんです。その時間帯は、魂がこの世からあの世へ移動する時

●**台湾で尊厳死法案**
台湾ではかつて終末期の患者は全員、心臓マッサージと人工呼吸器の装着が義務づけられていた。趙教授は種々のアンケート調査を行い、それが人間の尊厳を損ねていると確信。尊厳死の法制化を訴え、２０００年に立法された。詳しくは１１５ページ参照。

●**『「平穏死」10の条件』の台湾翻訳版**
台湾でのタイトルは、『善終、最美的祝福』。つまり天寿を全うする、祝福されるような美しい終わり方といったような意味合い。

間と捉える。

丸　日本でいうところの、**あわいの時間***ということ？

長　うーん、呼吸停止と心停止の間を「あわいの時間」と呼ぶこともあるから、ちょっと違うかもしれない。医師や看護師が御遺体の処置をする前に、家族や仲の良い人たちが、「ありがとう」「ありがとう」と言いながら、その人の体を摩《さす》ってあげるそうです。「**タッチケア***」という言葉があります。病気の人を手で触ってあげることで治癒力が高まるという発想です。言わば、これは死者から生者への、逆方向の「タッチケア」でしょう？　死んだ肉体を触らせて頂くことで、生者がそこから癒しをもらい、何かを学び取ることができるのです。

●あわいの時間
「あわい」とは事と事の間のこと。医療現場では人が亡くなる時、呼吸が止まっても20分近く心臓が動いているケースが稀にあり、「あわいの時間」と呼ぶ人もいる。

●タッチケア
人と人が触れ合ったり、マッサージすることでストレスホルモンが減少することが知られている。介護の現場では、スキンシップをとったり、アロマオイルを使ってマッサージしたりすることで痛みや不安を解消する。

「老い」を「病」にすり替えるな！

長　昨年僕らが開催した「**か・い・ご学会**＊」というシンポジウムで、『大往生したけりゃ医療とかかわるな』＊（幻冬舎）がベストセラーとなった中村仁一《じんいち》先生をお呼びしました。その後、中村先生には私が支部長を務める日本尊厳死協会のシンポジウムにも来て頂き、意気投合したんです。

丸　変な医者同士、気が合ったんやね。

長　その時に印象深かったお話がある。要約をすると、こういうことです。

「年寄りは、どこかが悪いのが正常。どこにも悪いところがないほうが異常。**しかし昨今の年寄りは、老いを病にすり替える。本当の病ならば、希望が持てる。回復という希望があるから。しかし、老いは一方通行。**わざわざ病院に行って病人になることはない」。

●**か・い・ご学会**
か（介護）・い（医療）・ご（ご近所）の頭文字から命名した、〈さくらちゃん〉プロデュースの会。介護者と介護職の間にいかに溝があるかを痛感し、介護する人・される人、介護職、医療関係者、ご近所が同じ目線で語り合う場を作った。もちろん、長尾先生も毎年出席。

●**『大往生したけりゃ医療とかかわるな』**
2012年、中村仁一著。がんは治療をせず、延命治療や点滴注射を一切しない自然死をすすめ、センセーションを巻き起こした。

丸

病院に行くから、「病」になる。行かなければ、「老い」という自然現象で終わらせることもできる。現実はそういかないにせよ、これから老いていく人たちは、こういう覚悟が必要だとも思う。ボケはった人が100パーセント回復するなんていうことは、ありえない。だからと嘆き悲しむのではなく、ボケという形で老いていく家族を、受け入れる。受け入れる中で、日々、少し元気になったり、時々覚醒《かくせい》して、会話ができる状況を楽しめればいいんです。「介護」で人は「育つ」。

長

さらに言えば、**「老い」を「病」にすり替えたままで生きていると、死に際して、自己決定ができなくなるのです。今、日本尊厳死協会では、認知症でも「リビングウイル」は可能か？　ということが議論されています。**[*]「リビングウイル」とは終末期における意思決定のことです。もう回復の見込みがないとわかった時、どこまで延命治療を受け入れるか？　自分の意思をあらかじめ事前の希望という形で記しておくこと。しかし、認知症の方の場合、終末期にはもう明確な意思が読み取れない

●**認知症でも「リビングウイル」は可能か？**
詳しくは106ページを参照。

ことが多く、進行していく中で、発言も変わってくる。質問者に誘導されることも多くなる。ならば、どの時点での意思を尊重するか？　ということが問題になる。と同時に、**成年後見制度**[*]**のややこしさ**も、今後クリアしていかないといけない問題です。

丸　認知症でも軽ければもちろんリビングウイルは有効だと、私も思っています。だけどやっぱり、ボケボケになってしまってからだと手遅れになるよ。**ある程度老いたなら、元気なうちに、自分が認知症になったことを想定して、どう死にたいのか？　延命治療は拒否するのかなど、意思を明確にしておかないとならない。**「老い」を「病」にすり替えたまま歳を重ねると、これができなくなってしまう。

長　もっとわかりやすく言えば、身寄りのない100歳近いばあちゃんが、介護施設で転倒骨折し、救急病院へ運ばれたとする。病院で「ばあちゃん、もう寝たきりになって食べられんようになったから胃ろうする？　胃ろうを造ればもっと生きられるから、しとこうか？」と医師に耳元で

●**成年後見制度**
詳しくは106ページを参照。

でっかい声で言われたら、こくん、とばあちゃんは、わけがわからなくても頷《うなず》くよね? それで胃ろうが造られる。胃ろう自体は決して悪ではなくて、使いよう。「**ハッピーな胃ろうとアンハッピーな胃ろうがある**」[*]と常々言っているけれど、こういう場合はアンハッピーな胃ろうになっていきやすい。

丸 元気なうちにリビングウイルを書いて、その施設が預かってくれていたなら……。

長 認知症でも十分、平穏死は可能です。だから、**元気なうちにできるだけ自己決定してほしい。自己決定力こそが、自分の最期の救いです。**

尊厳のある「生」とは? 「老」いとは?

丸 今、認知症と尊厳死、平穏死の話が出ました。では、生きることの一番

●**ハッピーな胃ろうとアンハッピーな胃ろうがある**
長尾先生の持論。病気などの理由で一時的に口から食べられなくなって胃ろうを造り、状態が改善してまた口から食べられるようになる場合は「ハッピーな胃ろう」。神経難病の患者さんにおける胃ろうもこれに含まれる。一方、回復の兆しがゼロの終末期の患者さんの胃ろうは、「アンハッピーな胃ろう」となる。詳しくは、先生の著書『胃ろうという選択、しない選択』(セブン&アイ出版)にある。

の尊厳とは何か？　**ボケボケになっても最後まで残ることは、「食べること」と「排泄」と「移動」です。**この3つを、できるだけ尊重して介護をする。それがその人の尊厳を尊重することやと思います。

長　まるちゃんから教わってすごく感心したことがある。それは、「**認知症の人は、いくらボケていても実は味覚*がしっかりしていて、味がわかる**」ということ。ボケてどうせ味がわかんないだろうから、適当に栄養があるものを食べさせておけばいい、という考えは間違っていた。そうした真実を医者は意外と知らないんです。

丸　そうですよ。ばあちゃん、じいちゃんが施設の食事をよう食べへんのは、ボケてきたからじゃない。マズいから！

長　**食べることにおざなりの施設は、排泄に関してもやっぱりおざなりです。**まだまだ自分で食べることのできるお年寄りが、介護施設で食べる自由を奪われスプーンで無理やり、旨くもない物を突っ込まれるように

●**味覚がしっかりしていて〜**
認知症になると、嚥下障害や体調の変化も起こるので、食べ物の好みが変わることは多々ある。しかし、何を食べさせても一緒、どうせわかっていないだろう、と考えるのは大いなる誤解。食欲がなければ、本人の故郷の味やおふくろの味のする料理を食べさせてみるのも手。

して職員に食べさせられていると、とたんに自分で食べられなくなる。排泄でもそれと同じことが起きる。

丸 **今までトイレに自分で行けていた人が、一度失敗するだけでオムツをさせられる。自分でできるのにオムツをさせられるというのは、大変な屈《くつ》辱《じょく》です。**その屈辱感に堪えられなくなって、人間の脳は、あえて尿意や便意を忘れようとしてしまう。つらすぎる現状に、脳のスイッチが切り替わるんよ。

長 お年寄りが屈辱やつらい現実から目を背けるには、ボケるしかないと。

丸 よく、ボケが進行するとオムツの中に手を突っ込んで、自分の便をいじり出すというでしょう?

長 弄便《ろうべん》*行為ですね。認知症が進行すると、自分の便を壁や床にこすりつける。あの行為で介護者の心が折れてしまい、「**うちのばあちゃんは今日、**

●**弄便行為**
これまでの医学や看護学では、弄便行為は、人格崩壊の極致だと教えてきた。しかし、認知症が進み、快・不快を素直に表現しているだけだという見方が最近増えてきた。

うんこを壁になすりつけた。人格崩壊しました。もう在宅は無理です」と方向転換するご家族も多いんです。

丸　**弄便＝人格崩壊ではないんです！**　オムツの中に便が溜まっているのが不快なだけなの。それを介護者に伝える手段がなくて、便を手でいじってしまうのに。おしっこはともかく、排便だけは介助して、ポータブルトイレでさせてあげると、この行為は収まります。それなのに、施設では人格崩壊＝精神病院送りになることだってあるんです。**施設によっては、便をいじらないように、手足を縛りつけて寝かせたりね。**

長　すべてが逆行しているなあ。ばあちゃんの人格崩壊の前に、介護職員の心が壊れてるだけの話じゃないか！

閉じ込めるな、放牧せよ！

丸　介護職員の心が壊れていない施設として、最後に愛媛にある宅老所のことを紹介させてください。松山市に〈あんき〉*という宅老所があります。

長　宅老所というと、聞きなれない人もいるかもしれないな。

丸　宅老所とは、民家または、民家に近い建物を使ってお年寄りを預かる施設のこと（〈あんき〉は託老所という字を使っている）。**介護保険のサービスを、使えるところは使いながら、だけど介護保険制度ではなかなか手が届かない部分にも独自の手法でサービスを提供していこうという試みです。基本は、家庭的な雰囲気を重視すること。少人数であること。**

これからは、宅老所がもっと増えていってほしいと思う。その宅老所の

●**〈あんき〉**
どんなお年寄りも、当たり前に自分らしく、普通の生活を続けられる場所を作りたい。地域で支え合わなければ、在宅で死ねない！という想いから、中《なか》矢《や》暁《あけ》美《み》さんが立ち上げた。http://anki-m.net/

草分け的存在なのが、この〈あんき〉なんです。代表者は、もと看護師の中矢暁美さん。

長 〈あんき〉って、あちらの言葉で、安心とか、安楽っていう意味なんだって。前々章でご紹介した、近藤誠さんとグルや。だから愛媛県の介護事情は、今、このふたりのパワーでちょっと先を行ってるよ。

丸 確かに、このおふたりの講演を同時に聴くとすごく賢くなるね。中矢暁美さんは、看護師の経験ののち、子育てを機に一度退職をしました。その後、ホームヘルパーとして、病院、障害者施設、特養とさまざまな施設で働いた結果、「大きな施設にも利点はあるけれど、きめ細かい介護をやるには、少人数じゃないと難しい」という考えに落ち着いたといいます。

長 僕も一度まるちゃんと、〈あんき〉を見学させてもらいました。それはそれは、素晴らしい宮大工作の民家だったね。木のぬくもりがあって、広々として、まるで老舗《しにせ》の旅館みたいやった。そしてお風呂がまた、木の香りがする広々としたお風呂で、実に素晴らしいんです。

丸　大都市の山の手あたりにある、なんちゃってホテルまがいのシャンデリアと大理石の、何重にも鍵のかかった有料老人ホームとはエライ違いや。どっちが心地良いのかは、行ってみればすぐにわかる。

長　そういえば、中矢さんも、まるちゃんと同じで介護の世界に飛び込もうと思ったきっかけは、ヘルパーの仕事で行った先で見せられた、お年寄りの「**機械浴**」**に憤りを覚えた**からだとか。

丸　「怒り」を出発点に介護を始めた人は、強いんよ。しかも中矢さんは、この〈あんき〉のすぐそばに、別の一軒家を借りました。終末期には、ここでそのまま穏やかに亡くなる利用者さんもいるらしい。

長　僕もそのビデオを拝見しました。施設であっても自宅以上の平穏死でした。人間には、「**死の壁**」があります。それが何時間に及ぶかは、人によって差がありますが、肩で大きく呼吸をしたり、体が足元から冷えていったりと、あきらかに「あと何時間かでこの人は旅立つな」とわかる時間があります。僕はそれを、「死の壁」と勝手に呼んでいるんです。その時になっても、中矢さんは慌てずに、ただただ見守って、待ってゆっくりと看取りをする。家族も仲間も、一緒に蒲団《ふとん》を囲んで手を握り、ずっと話しかける。

丸 周囲では、いつも通りに利用者のばあちゃん、じいちゃんの朗《ほが》らかな声がしている。いつもと変わらぬ美味しい食事風景がある。〈あんき〉は松山やから、土地柄、いつだって新鮮な魚料理が振る舞われる。味気ない介護食なんて、ここには存在しない。

長 そんな賑やかなお年寄りの声、食事風景の横で、利用者さんはゆっくりと枯れるように亡くなっていける。家族は涙し、昔の思い出話を語りながら、ゆっくりとそれを見守ります。家族が不安を口にすれば、中矢さんが寄り添い、向き合う。

丸 **ゆっくりと、皆で、いつもの空気のまま、死を待つ。そんな施設も存在する。**

長 僕がいろいろ見てきたかぎり、〈あんき〉は最高の看取りができる施設やと思う。ここなら自分も死にたいなと思いました。

丸 無理やり食べさせることもない。無理やり風呂に入らせることもない。もちろん、〈あんき〉には施錠なんて、ありません。

長 待つことができる介護施設。探せばきっと、他にもあるよ。

丸 なければ、自分らで作ったっていい。

長 僕は、ここの利用者の皆さんの表情を見た時に、放牧されているなあと感じました。だったら、今、町中にある多くの介護施設はなんだろう？

丸 たとえばニワトリならば、ブロイラー。

長 そう、まさに**ブロイラー介護**。決められた時間にごはんを強制的に食べさせられて、強制的に眠らされる。

丸 それが、当たり前の介護と思ったら大間違いや。

長 もっと言うなら、**これからの超高齢化時代、大認知症時代はみんな自分自身のこと。人ごとやないで。町というエリアに認知症の方を放牧したらいいんですよ。認知症の人が道端を歩いてるのを見て、ああ、遊んでるわって。**奈良公園で鹿が歩いていても、誰も変だなと思わないのと同じくらい、ああ、認知症の方が歩いている、くらいの自由で大らかな思考がほしい。

丸 もうすぐ3人に1人が認知症になると言われているんだから、むしろその方法が、実は一番現実的なのかもしれないです。

長 **放牧介護。それが、これから2025年までのキーワードです。**

丸 これからは、発想の転換をせなあかん。**認知症を町にウロウロさせること。それが人としての学びであり、介護者にとっても理想になる日を目指して、私ももう少し〈つどい場さくらちゃん〉として、やることがある。**長尾ちゃんも、町での放牧介護を理解してもらうために、在宅医として、まだまだやることがあるんとちゃう?

長 あるよ。だからといって、僕は牧羊犬みたいに放牧されているばあちゃん、じいちゃんを寄せ集めるつもりはないよ。

丸 そうやね、町医者が牧羊犬になっても仕方ないね。

長　認知症の人を町に放牧できたなら、町医者の役割は野良犬です。ゆったり放牧されて、残りわずかな時間を謳歌しているお年寄りを、施設に無理やり連れて行こうとする理解なき人たちに向かって、僕は吠《ほ》えていくしか、ないからね。

困った症状への対応⑥

火をつけっぱなしにする
タバコは吸い終わるまで見守り、火を使う間は付き添う。
お湯はこの中にありますよ
なるべく火を使わせない工夫を。
ガスの元栓をしめる
電子レンジの使用
入れてはいけないもの
タバコはもうダメです!
禁止すると余計に危険!

料理など、段取りが必要な行為は、**認知症の進行を遅らせる**効果があります。

IH調理器に替えるのもよいですが、認知症が進んでからだと使えないので**早目に**対応を。

火をつけっぱなし、水を出しっぱなしなどの記憶障害は**指摘や注意では治りません。**

でも、例えば長く料理をしてきた人にそれを禁ずると、**役割を失ってしまう。**

孤独感
ごはんを作るのは
私の仕事なのに…

〜あとがきにかえて
……よく頑張りはったなあ。よし、よし〜

丸尾多重子

誰でもが集える場。

互いにグチって泣ける場。

一緒に食べて、一緒に美味しいねと笑い合える場。

介護を孤独にさせないための情報が得られる場。

悲しみをいつでも電話で吐き出せる場。

共に生きて、活きる場。

——不安でいっぱいの介護者の方々の話を聴きながら食卓を囲み、立場を越えて、平たい場でまじくれる場を作りたい！　そんな想いだけで、最初は手探りで開いた〈つどい場 さくらちゃん〉も、今年で十一年目を迎えようとしています。

日々、たくさんの介護者の皆さんとお話をしている私ですが、「介護」という言葉を聞くと、今でも四十〜五十年前の我が家の風景が浮かびます。

我が家にいた「ばあちゃん」は、父の母です。明治生まれの祖母は、三十代で夫に先立たれ、四人の子どもを抱えて「後家《ごけ》」になった人。若い頃の苦労が心を蝕《むしば》んでしまったのでしょうか、祖母のたった一つの趣味は、嫁（つまり私の母親）をいじめることでした。祖母が家庭の実権を握り、大根一本さえも自由に買い物することを許してもらえなかった母。私が物心ついたときから、母の涙を見ない日はありませんでした。祖母にも父にも隠れて泣いている母の小さな背中を、小学生の私は「よし、よし」と撫でてあげる事ぐらいしか、できませんでした。

「あの人さえいなければ、母さんはきっと笑ってくれるのに」

本気で祖母に殺意を抱いた事も、何度もありました（この「よし、よし」は、私の癖となりました。〈つどい場さくらちゃん〉を訪れてくれた介護者の方達の背中を、今日もよし、よしと撫でています）。

「大嫌いな嫁の世話にだけは絶対ならん！」が口癖だった祖母は、七十半ばでボケました。そして、十数年も大嫌いな嫁に介護をしてもらい、八六歳まで生きました。憎まれ婆さん世に憚《はばか》るではないですが、当時としては相当の長生きでした。ボケた姑に仕返しすることもなく、母は黙々と介護をこなし、家事をこなしました。家族の誰もが、なんとなく二人を見守り、私は母の悔しさを傾聴して大人になりました。そして、その母を今度は私が介護し、腕の中で看取ることができました。

罵声とため息と涙の日々――しかし、好きとか嫌いとかを通り越して、「家族って、こういうもん」と、祖母と母の関係から学んだ気がします。「人が老いること」「人が死にゆくこと」も、学びました。家族の役割が、ありました。

本文でもお伝えしましたが、「核家族化」「生活様式の変化」そして「介護保険制度」が、そうした大切な「学び」を奪ったような気がしてなりません。

私は、〈つどい場〉をしながら、今日も、ばあちゃんやじいちゃんから、多くの事を学ばせてもらっています。

数珠玉のように、ひとつの出会いから、たくさんの学びがあるのです。十一年間、出会いと学びを繋げてこられました。


その数珠玉の中から、ある母娘のお話を紹介させてください。

九州出身の有岡富子《ありおかとみこ》さん、通称トミちゃんは、大正四年生まれ、この春で満九九歳。三歳で母を亡くし、父親に育てられた富子さんは旧家に嫁ぎ、姑、小姑にいじめられながら二男一女に恵まれたそうです。四十代で夫に先立たれて以来、娘の陽子さんと二人三脚で生きてきました。

陽子さんの高校卒業と同時に関西へ転居し、陽子さんは就職。母ひとり娘ひとり、年に何度も旅行をするほど仲のいい親子でした。トミちゃんに認知症状が現れたのは、今から十三年前。ある家族会での出会いがきっかけで、八年前から〈つどい場さくらちゃん〉に陽子さんが来るようになりました。

その頃の陽子さんは、泣いてばかりでした。仕事を辞めて最愛の母に向き合おうと決心したものの、日々変化していく母を受け止められずにいたのです。表情も強張っていて、はじめはなかなか心を開いてはもらえませんでした。

しかし、〈つどい場さくらちゃん〉の三大イベントである「おでかけタイ」で北海道をはじめ、あちこちに出かけ、「学びタイ」で様々な講座を受け、「見守りタイ」を利用して、時には息抜きをしていくうちに、陽子さんに笑顔が戻り、トミちゃんの表情も、ぐんぐん良くなっていったのです。

とは言うものの、トミちゃんの認知症は緩やかに進行し、徐々に娘のことを忘れていきました。

大好きなお母ちゃんが、私の事をわからなくなった!

悲しいことですが……「その日」は、いつか訪れます。一生懸命介護をしても、「その日」はやって来てしまいます。陽子さんは、また切羽詰まった表情に戻ってしまいました。

その頃、事件は起きたのです。

お正月に、〈つどい場さくらちゃん〉にトミちゃん親子を招き、お節とお雑煮でお祝いをし、トミちゃんを車椅子に乗せて近くの西宮神社へ初詣。夜はすき焼きの鍋を囲み、今年もよろしくねとお別れの挨拶をしてすぐに、電話が鳴ったのです。

「まるちゃん！　助けて！　どうしよう……お母ちゃんを転ばせてしまった！」

駐車場の小さな段差に車椅子のタイヤがひっかかり、トミちゃんは前のめりに放り出される形になりました。急いで駐車場に駆けつけると、陽子さんは、パニックを起こして大泣きしています。

「どうしよう……どうしよう……お母ちゃんが骨折していたら……私のせい、私のせい」

と泣き続ける陽子さん。

その時です。トミちゃんが大きな声でハッキリと、こう言ったのです。

「陽子ちゃん！　お母ちゃんは陽子ちゃんが泣いているのはイヤよ。泣きなさんな」

それはまぎれもなく、わが娘を叱咤する母の声でした。

奇跡のような出来事でした。

お母ちゃんは、私の事を忘れてなんかいない――陽子さんの涙が、大粒の嬉し涙に変わったのは言うまでもありません。

陽子さんは、トミちゃんを自宅で介護したいという想いからヘルパー2級の講座を受けました。その実習で、ある特養へ行った時に、利用者二十人に対し夜間スタッフが一人しかいないという現実を知り、自宅で介護をしようという気持ちがさらに強くなったようです。

トミちゃんが当時の主治医から脳梗塞と診断され、数ヶ月の入院が必要となった時は、泊まりがけで付き添った陽子さんも疲れが出て、一緒に入院。

しかし、その主治医から処方された「アリセプト」を飲んだトミちゃんは、興奮状態が続いて別人のようになってしまいました。薬をやめた途端にいつものトミちゃんに。不安になった陽子さんに、長尾ちゃんを紹介したのはそんな頃です。

「お母ちゃんを最期まで自宅で看たいと言ってはるから、長尾ちゃん、頼みます」と。

介護者の希望を最大限に汲むべく「訪問診療」と「往診」をして下さり、二十四時間対応の「訪問看護ステーション」も持っていて、なおかつ、心から尊敬できる在宅医を、私は長尾ちゃんしか知りません。訪問看護師の濱中さんの存在もとても大きく、長尾ちゃんと濱中さんとの出会いが、陽子さんを安心させ、最期まで自宅で、という決心を揺るぎないものにさせたようです。

トミちゃんは、二年前には一度危険な状態になり、長尾ちゃんから「もう間もなくかな」と余命宣告（？）も受けましたが、見事にそれはハズれて（笑）、今もとても元気。デイサービスの利用をやめてから、ますます元気になりました。デイサービスをやめる事で陽子さんが煮詰まってしまうことを案じましたが、杞憂《きゆう》でした。

それまでは夜二時間ごとに目覚めていたトミちゃんは、ぐっすり眠るようになり、よく食べ、便もよく出るようになりました。

「長尾先生、今日はお母ちゃん、こんな立派なうんこが出たんです」

手でその大きさを再現して、長尾ちゃんに嬉しそうに報告する陽子さん。

〈つどい場さくらちゃん〉に来られる日の夜は、近くの旨い店で外食。顔なじみの若い男の子のスタッフに親切にされると、トミちゃんの顔は花が咲いたように綻《ほころ》び、ビールが来れば誰よりも早く喉を鳴らしてグビッと数口（ノンアルコールだと吐き出します）、パスタでも串揚げでも、手づかみでパクパク食べます。誤嚥したっていいじゃない、人は誤嚥して生きるものなんだよ、という長尾ちゃんの考えから、陽子さんも昔のようにおどおどしていません。

そんなふうに、今はとても穏やかな時間が流れています。

「食べること」は「生きること」、「生きること」は「食べること」。本人の「不安」を「安心」に変える決断。介護にかかわる者が「待てる」ことの大切さ。トミちゃんと陽子さんから学ばせてもらった事は私の宝物。きっと長尾ちゃんも、そう思ってくれていることでしょう。

もちろん、長尾ちゃんから私が学ばせてもらった事もたくさんあります。

医者である前に、ひとりの人間としての優しい眼差しを注いでくれる。白衣を着ない医者をモットーとしているのには、ちゃんと理由があるのです。似合わないから、ではなくて。そんな、尊敬し、愛してやまない長尾ちゃんと、介護について対談をしたものが本になる……「医療」と「介護」がまじくった一冊ができました。どんなに忙しくとも、日々、〈まじくる〉を実践してくださる長尾ちゃんに大感謝。

読んでくださった皆様に心からの感謝と、「よし、よし」を。

日々、命と向き合い、日々、二者択一を迫られる介護者の仲間達、さりげないサポートをしてくださっている仲間達、そして事務局の元永さん、辻本さん、中村さんに深謝です。陰で真のサポートをしてくださる西宮市役所の皆さん・社協の皆さんにも感謝です。

そして、星になった家族への詫び状の活動を許してくれている、私の兄・妹夫婦にも感謝。こんな無謀な企画を本にして世に出してくださったブックマン社の小宮ちゃんにも、深い愛と大いなる感謝を込めて、あ・り・が・と・う。よし、よし。

二〇一四年　一月

長尾和宏（ながお・かずひろ）

1984年東京医科大学卒業、大阪大学第二内科に入局。1995年兵庫県尼崎市で開業。複数医師による年中無休の外来診療と在宅医療に従事。医療法人裕和会理事長、長尾クリニック院長。医学博士、日本尊厳死協会副理事長、日本慢性期医療協会理事、日本ホスピス在宅ケア研究会理事、日本消化器病学会専門医、日本消化器内視鏡学会専門医・指導医、日本禁煙学会専門医、日本在宅医学会専門医、日本内科学会認定医、関西国際大学客員教授、東京医科大学客員教授。

- 朝日新聞医療サイト・アピタルに「町医者だから言いたい！」を365日連載中
- 個人ブログ「Dr.和の町医者日記」は、人気ブログランキング医師部門1位
- 産経新聞兵庫版に「Dr.和の町医者日記」を毎週土曜日連載中
- 日本医事新報、医療タイムス等に毎月連載中

［長尾クリニック］
〒660-0881　兵庫県尼崎市昭和通7-242　TEL 080-3038-7274　FAX 06-6412-9081
koho@nagaoclinic.or.jp　http://www.nagaoclinic.or.jp

丸尾多重子（まるお・たえこ）

大阪市生まれ。4年間OLをした後、調理師免許を取得。15年間東京で食関係の仕事に就く。帰阪後10年間で母、兄、父を在宅介護。ヘルパー1級取得の実習で介護現場の実態を知った憤りから、2004年3月兵庫県西宮市に〈つどい場さくらちゃん〉を設立。2007年4月NPO化。2008年、現在の一軒家に移設。高齢者はもちろん、介護者や介護従事者らの交流の場を提供し、悩みを分かち合ったりすることで介護者の孤立を防いでいる。愛称「まるちゃん」。

［つどい場さくらちゃん］http://www.tsudoiba-sakurachan.com/

ばあちゃん、介護施設を間違えたらもっとボケるで!

2014年2月16日　初版第一刷発行
2014年4月14日　初版第五刷発行

著者　長尾和宏　丸尾多重子

マンガ　ヨシタケシンスケ（P12-13、53、87、135、149、215、237）
ブックデザイン　小口翔平＋平山みな美（tobufune）
編集　小宮亜里＋柴田みどり

発行者　木谷仁哉
発行所　株式会社ブックマン社
〒101-0065 千代田区西神田3-3-5
TEL 03-3237-7777　FAX 03-5226-9599
http://bookman.co.jp

印刷・製本　凸版印刷株式会社
ISBN 978-4-89308-814-7

こんな介護施設には気をつけよう! チェックリスト

- ☐ 建物や内装・家具がやたらと豪華なつくり。
- ☐ 新聞の折り込みに入ってくるチラシの紙がやたらと良質。
- ☐ パンフレットに「安心」「安全」や美辞麗句を謳いすぎ。
- ☐ 求人広告をよく見かける。
- ☐ アポなしでの施設見学ができない。
- ☐ 体験入所ができず、やたらと契約を急がせる。
- ☐ 入所者の話し声がせず、テレビの音しかしない（薬を飲まされてボーっとしている可能性が高い）。
- ☐ 入所者のほとんどが車椅子（歩いている人がいない）。
- ☐ 夜間に訪問すると、個室に鍵をかけている。
- ☐ 散歩の時間等、外出の時間を設けていない。
- ☐ 食事の時間や作業の時間も、職員が入所者に必要最低限しか話しかけない。
- ☐ 職員が口にスプーンを突っ込むなどして、食事を無理やり食べさせている。
- ☐ 機械入浴がほとんどで、入浴時間も10分程度しか設けていない。
- ☐ 主治医が近隣ではなく、かなり遠方から来ていて往診してくれない。
- ☐ 「終の棲家」とパンフレットでは謳っているのに、職員が看取ったことがないと言う（入所時に、看取ってもらえるかどうか訊いて確認する）。

※3つ以上あてはまったら、その施設に入れるのはちょっと待って!